논술 종합 비타민

김종원 지음

가림출판사

논술 종합 비타민

누구나 가지고 있는 논리 유전자,
당신도 깨울 수 있다!

김종원 지음

가림출판사

왜 사칙연산 논술인가?

논술이란 사물의 논리적 근거를 들어 자신의 의견이나 주장을 내세워 널리 동의를 얻고 설득하기 위한 글이거나 반대되는 견해를 분석, 반박하여 한 편의 글로 풀어내는 것을 말한다. 다시 말해 자신의 의견이나 주장이 타당한 것임을 예증이나 논거를 들어서 상대방에게 제시하는 글이라고 생각할 수 있다. 그러므로 논술을 잘하기 위해서는 당연히 일정 부분의 배경지식이 필요하다. 그러나 논술은 단순히 일반 상식 또는 지식을 측정하거나 글재주를 시험하는 것은 아니기 때문에 그 무엇보다 고도의 창의력과 사고력이 필요하다.

수많은 책과 신문 사설로 이 세상 대부분의 지식은 이미 논술화 되어 있다고 해도 과언이 아니다. 이미 많은 사람들에게 회자되었기 때문에 더 이상 새로운 것을 발견하는 것은 힘들다는 것을 뜻한다. 이런 상황에서 똑같은 주제를 가지고 상대방이 호감을 가질 수 있도록 논술하기 위해서는 자신만의 독특한(Remarkable) 창의력이 필요하다.

하지만 시중에 출간되고 있는 논술 관련 책은 사고력이나 창의력을 키위 주기보다는 대학의 기출문제나 신문의 사설을 스크랩하는 수준에 머물러 있다. 방법을 알려주지 않고 문제만 풀라는 억지스러운 주장을 하고 있는 것이다. 결국 시중에 나와 있는 논술 관련 책의 대부분은 책에서마저 전혀 논리를 찾아볼 수 없다.

또한 학원에서는 대부분 획일적인 논술 답안 작성 방법을 알려주고 있다. 이런 영향으로 입시에서는 판박이 같은 논술 답안지가 나오고 있고 배우지 않은 것에 대한 지문이 나오면 당황해서 몇 줄 쓰다가 포기하고 마는 나약한 모습이 나타나고 있다.

무엇보다 걱정스러운 것은 자신만의 사고력이 결여되어 가르치는 사람의 생각을 그대로 따라 하는 이른바 미투(Me Too) 제품이 만들어지고 있는 것이다. 다시 말하지만 방법론이 없이는 답이 나올 수 없고 쓸모없는 '미투' 논술만 생겨날 뿐이다.

논술을 잘하기 위해 책을 많이 읽고, 신문을 많이 보라는 말은 누구나 할 수 있다. 하지만 책을 많이 보고 신문을 탐독해서 길러지는 것이 논술 능력이라면 우리나라에 수천 명의 논술 전문가가 생겼을 것이고, 모든 수험생들은 논술에서 만점을 받았을 것이다. 이는 마치 사장이 퇴근을 하며 아직 불 켜진 회사를 흐뭇한 눈으로 바라보며 야근을 하는 직원들이 회사에 이익을 만들어 줄 것이라고 생각하는 것과 같은 이치이다. 야근을 한다고 해서 반드시 그만큼 이익이 창출되는 것은 아니다. 효율적인 방법으로 단시간에 끝낼 수 있는 일을 가지고 오랜 시간 끌고 있다면 오히려 낭비일 뿐이다. 마찬가지로 무턱대고 책과 신문을 많이 읽는다고 해서 논술 능력이 향상되는 것은 아니다.

별 다른 방법 없이 방황하고 있는 수험생들과 대학입시를 위해 논술을 준비하고 있는 중·고생들을 바라보며 필자는 마음이 답답했다. 바람직한 논술방법을 수년 동안 고안한 필자는 우리가 언제나 접하고 있는 사칙연산에서 힌트를 얻었다.

사칙연산 논술이란 궁극적으로 멈춰 있는 여러분의 창의력과 사고력에 스핀을 거는 것이다. 알다시피 사칙연산이란 더하고, 빼고, 곱하고 나누는 과정을 말하는 것이다. 때문에 사칙연산 논술이란 우리가 가지고 있는 생각에서 고정관념을 빼고 새롭게 받아들인 사실을 더하며, 생각에 생각을 나누어 세밀한 부분까지 사고를 확장해 나가고 나아가 기존의 생각에서 사물을 새로운 눈으로 바라보는 역발상의 능력으로 길러진 창의력을 곱하여 남과 다른 자신만의 논술 능력을 기르는 것이다.

Part 1에서는 몸 속 깊은 곳에 잠자고 있는 당신의 논리유전자를 깨우기 위한 각종 예시와 현재 자신의 문제점을 정확하게 파악하고 논술을 왜 배워야만 하는가에 대한 동기 유발을 할 수 있는 내용이 들어 있다.

Part 2에서는 본격적으로 사칙연산을 이용해서 길들여지지 않는 애완동물처럼 까다로운 논술을 길들이는 방법을 설명했다. 하지만 방법만 알려주고 어떻게 실천하는가를 알려주지 않는다면 그것은 진정한 논술대비서라고 할 수 없다. 그래서 Part 3에서는 방법론에 적합한 실천방안에 대한 내용을 담아 스스로 쉽게 논술을 대비할 수 있도록 구성하였다.

부록에서는 일상생활에서 논리적 사고를 배양할 수 있는 사고지침을 만들어 지속적인 논리력 향상을 창출할 수 있도록 했으며 창의적 논술 가치의 자가진단을 할 수 있도록 체크 리스트를 덧붙였다.

김 종 원

Contents

part I

잠자고 있는
논리유전자를 깨우자

인생이 편하려면, 논리력을 배워라
글쓰기와 논술은 다르다
상대를 나의 팬으로 만들어라

1 인생이 편하려면,
논리력을 배워라

■■■ 운명을 바꿀 가장 좋은 방법, 논리

"열심히 노력하는데도 왜 성과가 없을까?"

어떤 인생을 살 것인가를 판가름하는 것에 대한 답은 자신에게 달려 있다. 언제까지 노력에 대한 보상이 부족하다고 자신의 능력부족을 탓할 수는 없다. 주변에 있는 사람들을 살펴보자. 그들이 자신과 별 다를 게 없는 것 같은데 왜 항상 좋은 성과를 올리는 것인가에 대한 결론을 그저 운이 좋았을 뿐이라고 치부하기엔 무리가 있다. 자신의 성과가 좋지 않다는 것에 대한 변명을 생각하기 전에 좋은 성과를 올리고 있는 그들을 자세히 관찰하는 일이 선행되어야 할 것이다. 눈에 보이지는 않지만 그들에게서는 독특한 에너지가 발산되고 있다.

그 중에서 빼놓을 수 없는 요소가 논리력이다. 그들에게는 모든 일을 추진하는 데 있어 정확한 과정을 통한 논리력이 견고하게 축적되어 있다. 이제 추진하는 일을 능숙하게 이끌어 나가기 위해서는 그 기초인 논리력을 배워야 한다.

　가끔 대화를 하다 보면 말을 잘 하다가도 갑자기 욕설을 하는 사람을 볼 수 있다. 자신의 주장에 대해 말하다가 논리에 부합되는 말을 찾지 못하니까 자연스레 입이 거칠어지는 것이다. 좋은 말만 듣고 살기에도 부족한 인생인데 욕설을 주고받으며 인생을 낭비할 필요가 있을까?

　"불안하다", "걱정이다" 등의 말을 입에 담고 살면 그 불안이나 걱정이 현실로 나타날 가능성이 높아진다. 그것은 또 상대방에게 좋지 않은 영향을 미친다. 예를 들어 젊은 시절에는 누구나 얼굴이 팽팽하고 혈색이 좋다. 그러나 나이가 들수록 어떤 이는 유난히 늙어 보이고 또 어떤 나이에 비해 훨씬 젊어 보인다. 이것은 타고난 외모와는 상관이 없는 일이다. 그 사람이 살아온 삶의 방식이 외모에 큰 영향을 미치는 것이다. 신뢰할 만한 얼굴, 긍정적이고 패기 있는 표정은 어떤 일이든 논리적이고 효율적으로 해결해 나갈 수 있는 능력과도 연관이 있다.

　현대를 살아가는 우리는 사물의 본질을 바라보는 능력이 점점 떨어지고 있다. 그래서 지금까지 경험하지 않은 문제나 예측할 수 없는 문제에 부딪히면 '사고의 정지' 상태에 빠지게 된다. 한 번 경험한 문제에 대해서는 어렵지 않게 대처할 수 있지만 경험해 보지 않은 문제에 대해서는 대처방안이 없기 때문이다. 그렇게 되면 대부분이 문제 자체를 회피하려 든다. 스스로 결론을 내리지 못하고 자꾸만 떠넘기는 것이다. 더욱이 그 후에는 그렇게밖에 할 수 없었다는 이유를 들어 변명을 늘어놓는다. 이처럼 사고의 정지 상태에 이르면 생각은 점점 줄어들게 되고 그런 사람의 미래란 결코 밝을 수 없을 것이다. 하지만 그 반대라면, 우리의 미래는 달라질 것이다.

■■■ 잠자고 있는 논리유전자를 깨우자

과거에 실수를 많이 하고 특출한 실력을 가지고 있지 않다 할지라도 그 상태가 지속되어야 한다는 법은 없다. 하지만 나이만 먹는다고 그런 실력이 저절로 길러진다는 보장은 더더욱 없다. 어릴 적에는 그다지 눈에 띄지 않던 아이가 자라면서 두각을 나타내는 것을 종종 보게 된다. 항상 실수만 하던 친구가 잠깐 못 본 사이에 유능한 모습으로 다시 나타나는 경우도 있다. 아마 그 친구는 남 모르게 열심히 노력을 했을 것이다. 물론 노력이 수반되기는 하겠지만 노력만이 전부라고 할 수는 없다.

인간에게는 숨겨진 능력이 많다. 공간지능, 논리지능, 대인지능, 언어지능, 예술지능 등이 그것이다. 그 중에서 특히 논리지능은 이 모든 지능의 근간이 된다. 논리지능을 자신의 삶에 장착시킨 사람은 자신이 진정 원하는 것을 가장 효율적으로 이룰 수 있다. 즉 논리는 인생의 설계도이다.

우리에게 필요한 것은 자신이 원래부터 가지고 있던 논리유전자를 최대한 빠르게 깨우는 것이다. 하지만 좋지 않은 생각이나 부정적인 행동으로 그 능력을 깨우지 못하고 평생 잠재우는 경우가 많다.

"나는 그저 평범한 인간이야."
"나는 논리적인 사람이 될 수 없을 거야. 꿈처럼 아득해."

이런 생각은 스스로 성장을 제한시키는 걸림돌이 된다. 자신에게 숨어 있는 논리유전자를 깨우는 데 방해만 될 뿐이다.

"그만두는 게 좋을 것 같아."
"그냥 이렇게 살지 뭐."

이처럼 부정적이고 안일한 생각을 버릇처럼 하게 되면 자신의 의사와는 상관없이 발전이 없어진다. 또 무언가를 새롭게 하는 것에 대한 불안으로 패배주의가 내면에 자리 잡게 된다. 누군가 했던 일이라면 나도 할 수 있다. 내 안의 능력을 깨우는 데 방해가 되고 있는 것들을 향해 큰 소리로 외치자!

"나는 할 수 있다!"

이렇게 큰 소리로 외치는 것은 그저 속으로만 생각하는 것보다 더 많은 도움을 준다. 자신이 소리 내어 말한 것은 귀를 통해 들어가고 뇌가 그것을 착실하게 읽어낸다. 그리하여 뇌의 지령을 받은 60조에 달하는 온 몸의 세포가 뇌의 메시지대로 현실에서 움직인다.

티끌보다 작은 논리유전자 속에 엄청난 성과를 이룰 수 있는 가능성이 숨어 있다. 예를 들어 조물주가 인간에게 100가지 능력을 주었다면 인간은 고작 3~5개 밖에 쓰지 못하고 있는 것이다. 소위 천재라고 불리는 사람들도 기껏해야 10개를 넘지 못한다. 천재와 천재가 아닌 사람들도 인간에게 주어진 능력 전체를 두고 판단했을 때는 별 차이가 없는 것이다. 결국 누가 논리유전자를 끌어내느냐가 관건이라 할 수 있겠다.

오랜 세월을 연구해 온 과학자들에 따르면 유전자에는 스위치처럼 ON/OFF 기능이 있다고 한다. 즉 자신에게 도움이 되지 않는 유전자는 OFF로 만들어서 잠재우고 도움이 되는 유전자는 ON으로 만들어 더욱 활발하게 작용할 수 있도록 만들면 되는 것이다.

간단하게 생각해보자. 화학적인 작용을 예로 들면 흡연에 의해 니코틴이나 타르 등의 화학물질이 몸 안으로 들어가면 폐암에 걸릴 확률이 높아진다. 그 이유는 몸 안에 잠자고 있던 유전자가 니코틴이나 타르의 영향으로 깨어나서 활동을 활발하게 하기 때문이다.

"과연 내가 논리유전자를 깨워 나만의 논리력을 가질 수 있을까?"

고민하지 말자. '누군가' 할 수 있다면 이미 그것은 '누구나' 할 수 있다는 것이다. 문제는 논리유전자를 어떻게 깨우느냐이다. 어떻게 해야 할까?

안 좋은 일이 있을 때 그것에 대한 고통으로 슬픔에 젖어 아무 일도 하지 못하는 사람이 있는 반면 그 고통을 딛고 일어서 성공을 이루는 사람도 있다. 이 둘의 차이점을 생각한다면 잠자고 있는 논리유전자를 깨울 수 있다.

무엇을 하든 할 수 있다는 긍정적인 생각이 필요한 이유는 그것이 유전자를 ON으로 만들어 주기 때문이다. 유전자가 ON이 되면 그전까지와는 비교할 수 없을 만큼 또 다른 자신의 모습을 발견할 수 있게 된다.

■■■ 논술은 사회생활의 필수품

급하게 외출 준비를 하고 뛰어나온 길. 뒤통수가 허전하고 화장실 가서 볼일을 보고 마무리를 안 한 듯한 찝찝한 기분이 들 때면 어김없이 떠오르는 불안감이 있다. '내가 가스 밸브를 안 잠그고 왔나?' 한 번 의심이 시작되면 오던 길을 되돌아가 가스 밸브가 잠겼는지 직접 눈으로 확인하기 전까지는 계속 집이 불길에 휩싸이는 방정맞은 생각이 머릿속에서 떠나지 않을 것이다.

이럴 때 휴대폰 하나면 간단하게 모든 문제를 해결해 주는 시대에 사는 우리들은 고맙지 않을 수 없다. 밖에서도 집안에 있는 가스 밸브를 잠그고 집안 출입을 통제할 수 있을 뿐 아니라 조명, 보일러, 세탁기 등의 가전기기까지 조정할 수 있는 기능을 휴대폰으로 통합하여 생활에 편리함을 주고 있다.

18세기(1765년) 가난한 수리공이었던 영국의 제임스 와트(James Watt)가 발명한 증기기관으로 인해 산업혁명이 일어난 것은 이제 초등학생들도 아는 상식이다. 증기기관이 산업혁명을 불러왔다면, 정보혁명을 불러일으킨 것은 컴퓨터의 효시가 되는 계산기로서 1833년 찰스 배비지(Charles Babbage)가 만든 해석기관(Analytic Engine)일 것이다. 컴퓨터가 생겨나면서 정보화는 급속하게 진전되었고 지금은 정보화를 기반으로 한 디지털 시대라고 부르고 있다. 하지만 정보가 범람하고 기계들이 우리의 삶을 편리하게 해 주고 있지만 그것이 우리의 생각까지 대변해 주지는 못한다. 휴대폰의 기능이 아무리 좋아져도 그것으로 우리가 해야 할 가장 중요한 일은 대화를 하는 것이다. 이제 휴대폰이 생활의 필수품이 된 것처럼 상대방에게 자신의 뜻을 전달하는 논술도 생활의 필수 요소가 되었다.

우리는 하루에도 여러 번 선택의 기로에 놓이곤 한다. 음식점에서 점심 메뉴를 고를 때도 무엇을 먹을지 한참 고민하는 사람을 자주 목격한다. 주문을 받으러 온 직원은 고민하는 손님 때문에 또 한참을 서 있어야 하고, 여기저기 다른 테이블에서는 주문 받으라는 요청이 쇄도하게 된다. 선택을 하는 것도 쉬운 일은 아니다. 그들은 자신만의 기준이 존재하지 않기 때문에 무엇을 정할지 선뜻 말하지 못하는 것이다. 매사에 이런 태도를 유지하는 사람들은 아무 것도 자신의 의지대로 할 수 없으며 그러다 보면 결국 남에 의해 끌려가는 인생을 살 수밖에 없다. 극단적으로 표현해서 잉여인간이라는 말이다. 하지만 논리를 갖추고 선택의 기로에서 올바른 자신의 기준을 가진 사람이라면 누구라도 세상을 이끌 수 있을 것이다.

삶과 성공에 관한 아무런 도구도 기술도 가지지 못한 채 살아나가야 하는 삶에는 필연적으로 고통이 따른다. 원하는 모든 것들에 대해 가장 빠른 속도로 접근할 수 있는, 시행착오로 허비하는 시간을 최소화하면서 성취할 수 있는, 삶의 근본적인 혼란을 극복하고 확신과 자신감으로 원하는 것을 향해 나아가는 자신의 모습을 상상해보자.

■■■ 영화는 종합예술, 논술은 종합능력

영화는 보통 종합예술이라 말한다. 모든 예술의 장르가 조금씩 묻어 있기 때문이다. 논술도 한 사람의 능력을 파악할 수 있는 근거가 된다. 보고, 듣고, 느끼고, 그것을 바탕으로 생각하는 과정의 반복을 거치면서 논술이 탄생한다. 사물을 어떻게 바라볼 것인가, 그것을 어떻게 판단해서 논리에 맞는 결과를 도출할 수 있을 것인가는 종합적인 능력이 없으면 불가능하다.

논술은 특정 '과목'이 아니다. 국어, 영어, 수학 과목은 잘해도 유독 논술을 못하는 학생이 많다. 논술은 종합적인 사고능력을 배양하기 위한 실천적 행위이다. 즉 어떠한 사물과 사건, 현상에 대한 체계적인 분석과 창의적이고 논리적인 해결이 마치 자동차의 기어와 같이 함께 맞물려 돌아가야 하는 것이다.

그 때문에 논술은 종합적인 능력을 골고루 갖추어야 한다. 기본적으로 글쓰기 능력은 물론 독해력과 표현력, 판단력, 분석 및 종합능력, 성실성, 태도, 자료 분석 및 종합능력, 요약능력, 평가 및 비판능력, 창의력 등이 필요하다. 배경 지식 또한 필요하다.

한마디로 논술은 종합선물 세트다. 이러한 요건들 중에서 어느 것 하나라도 빠지면 전체를 제대로 갖출 수 없다. 그렇기 때문에 국어, 영어, 수학, 사회, 과학 과목을 열심히 해야 할 뿐만 아니라 이 모두를 함께 아우르는 연습도 같이 해야 한다.

그러나 이것이 전부는 아니다. 교과서 안에 갇혀 있는 학생을 현실로 끌어내기 위해 도입한 것이 논술이다. 그렇기 때문에 논술 문제는 현실의 문제와 직접적인 연관이 있다. 그것이 시사 문제일 수도 있고, 철학적이고 사색적인 문제일 수도 있다.

중요한 것은 교과서와 현실의 괴리를 논술이 메워 주는 역할을 하고 대학 측에서도 그런 의도를 가지고 논술을 출제한다는 점이다. 교과서는 수년 동안 내용이 고정되어 왔다. 그러나 우리의 현실은 계속 변하고 있다. 하루가 다르게 변하는 현실을 모두 알아야 할 필요는 없으나 반대로 전혀 모른다면 문제가 된다.

논술을 하기 위해서는 교과서와 함께 이를 보완해줄 수 있는 학습재료가 필요하다. 교과서 안에 갇힌 학생들을 현실로 이끌어줄 수 있는 학습재료로 대개 '신문'을 꼽는다. 그 이유는 신문이 세상의 모든 일을 분야별로 알려주는 종합정보이기 때문이다.

학생들이 어떤 신문을 보아야 하느냐고 물을 때가 많다. 특히 신문의 사설을 많이 읽으면 논술을 잘할 수 있느냐고도 자주 묻는다. 물론 많이 읽는 것도 도움이 되지만 어떻게 읽느냐가 더욱 중요하다. 사설은 해당 신문사의 주장을 논리적으로 전개한 글이다. 따라서 그 흐름을 맹목적으로 따라가기보다는 그 전개 방식을 잘 살펴볼 필요가 있다. 아울러 스포츠나 연예를 포함한 다방면의 보도 기사를 살펴보면서 배경지식을 강화할 필요도 있다.

2 글쓰기와 논술은 다르다

■■■ 논술은 글쓰기가 아니다

논술에 대한 가장 큰 오해는 논술을 글쓰기로만 국한하여 생각한다는 것이다. 물론 논술은 글쓰기를 수단으로 사용한다. 그렇다고 해서 논술을 단순한 글쓰기로 생각한다면 그건 큰 착각이다. 실제로 필자가 가르치는 학생들 중에는 뛰어난 글쓰기 실력으로 학교에 다니는 동안 받을 수 있는 모든 상을 휩쓴 학생들이 많다.

글쓰기에 천재적인 능력을 가지고 있는 학생들도 논술을 하라고 하면 혀를 내두르거나 멍한 표정으로 백지만 바라 보는 경우가 허다하다. 만약 논술이 단순히 글쓰기의 범주에만 속한다면 그 학생들은 단번에 명문을 만들어 냈을 것이다. 하지만 그렇지 못한 것은 논술과 글쓰기는 분명 다르기 때문이다.

논술에서 글쓰기가 필요한 부분은 표현력 정도이다. 이는 논술이 자유롭게 쓰는 글이 아니기 때문이다. 논술은 논제가 요구하는 대로, 제시문에 근거해서 써야 하는 것이다. 그리고 이를 뒷받침하는 것은 창의적 사고력이다. 창의적 사고력이란 누구나 하는 생각이 아닌, '뻔하지 않은 생각'을 말한다. 글쓰기가 뛰어난 학생들이 작성한 논술을 보면 비슷한 주장과 논거 일색인 경우가 많다. 주장에서 창의력을 발휘하지 못하기 때문에 뛰어난 글쓰기 능력으로 온갖 비유를 넣어 감상적인 글을 만들어버린다. 논술에서 비유와 감상은 그다지 필요하지 않다. 창의력이 없다 보니 감상 쪽으로 치우치게 되고 그것은 오히려 감점의 원인이 된다. 이때 창의적 논리가치(Creative Logic Value)가 필요하다. 비슷한 주장을 늘어놓는 그렇고 그런 논술문을 채점하다가 유독 눈에 띄는 창의적인 주장을 하는 논술문이 있다고 생각해보자. 당연히 호감이 갈 수밖에 없다.

창의적 논리가치는 논술이 아니더라도 사회 곳곳에서 찾아볼 수 있다. 자, 기차를 타고 여행을 떠나고 있다고 상상해보자. 창밖으로 그림 같은 풍경이 스쳐 지나가고 초원에서는 소가 풀을 뜯어 먹고 있다. 물론 처음에는 자연의 아름다움에 감탄을 하게 된다. 하지만 얼마 지나지 않아 소를 외면하게 될 것이다. 지루하게 이어진 소들의 행렬. 별 다를 게 없는 평범한 소들이 오랜 시간 관심을 끌기란 어려운 일이다. 새롭게 나타난 소들도 지나간 소들과 다를 게 없다. 이때 보랏빛 소가 나타난다면, 어떨까? 지루함은 금세 사라질 것이다. 창의력이란 넓은 벌판에서 유독 눈에 뜨이는 보랏빛 소와 같은 것이다. 글쓰기를 잘 하는 학생이 논술을 잘 하지 못하는 이유도 여기에 있다. 창의력이 부족한 것을 글쓰기 능력으로 메우기엔 벅차다.

■■■■ 나는 왜 아무 생각도 나지 않을까?

　인간은 머릿속에 있는 지식이나 정보를 정형화하려는 경향이 있다. 심리학에서는 이를 '스키마(Schema)' 라고 하는데 '인간이 경험을 통해 체득한 지식의 모듈(기능 단위)' 이라 정의하고 있다. 예를 들어 아이스크림을 먹은 경험이 있는 사람이 그 다음에 다시 그것을 접하면 '아, 저 아이스크림은 달콤했었지.' 라고 예전의 기억을 떠올리며 그 맛을 예상할 수 있다는 것이다. 길거리를 다니면서 차도를 달리는 차의 디자인이 아무리 다양해도 설명이 없이 자동차라는 것을 인지할 수 있다. 이렇듯 스키마 현상으로 인하여 인간은 아무런 검증 없이 사물을 판단할 수 있다. 이 때문에 '틀림없이 ~ 이다.' 라는 표현을 쓰며 강력하게 자신의 의견을 내세우게 된다.

　이러한 단정은 당연히 추론을 왜곡하는 요인이 된다. 예를 들어 아파트 가격이 너무 올라서 서민들이 구입을 하기 힘든 상황에 놓이면 일단 '아파트 가격을 내려야 한다' 라는 추론을 하게 된다. 그렇게 되면 추론의 폭은 좁아지게 된다.

　스키마를 가진 사람은 자신의 의견과 다른 것은 듣지도 수용하지도 않는다. 그래서 자신의 스키마와 일치하지 않는 정보보다 일치하는 정보를 찾게 되고, 결국 아무 것도 찾지 못하더라도 자신이 가진 스키마와 일치되도록 진실을 왜곡하기에 이른다. 물론 누구나 스키마를 가지고 있고, 세상을 살아가는 데 일정 부분 스키마는 필요하다. 하지만 중요한 것은 그것이 어떤 것인가를 파악하고 논리적인 사고를 할 때는 혹시 자신이

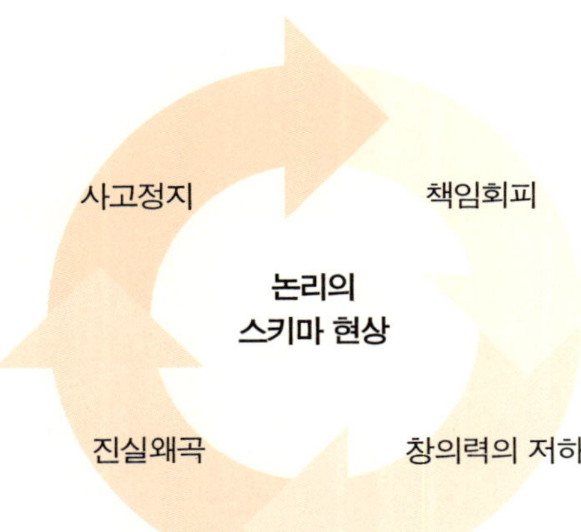

스키마의 방해를 받고 진실을 왜곡하고 있지는 않은지 자신을 돌아봐야 한다.

이런 스키마 현상의 폐해는 위급한 상황에서 더욱 잘 나타난다. 삼풍백화점 붕괴사고나 성수대교 붕괴사고는 부끄러운 일이다. 하지만 담당 책임자들은 마치 판에 박은 듯 똑 같은 말만 늘어놓았다.

"갑작스런 재해 상황에 어떻게 대응해야 하는지 지침서가 마련되어 있지 않습니다. 오늘의 경험을 거울삼아 모든 상황을 상정한 위기관리 대응 지침서를 만들어 놓겠습니다."

이것은 사실 상당히 무책임한 말이다. 그렇다면 매번 위험한 상황을 겪어야만 모든 상황에 대한 지침서가 마련된다는 것을 의미하는 것이 아닌가. 언제 일어날지도 모를 예측 불가능한 재해 상황을 미리 내다보는 논리적인 사고를 갖추는 것이 아닌, 경험을 미루어 대책을 마련한다는 것은 스키마 현상이 사회에 너무 깊게 자리 잡고 있기 때문에 일어난 결과다. 사고정지에 빠지고 논리적인 사고를 하는 데 장애가 오면 이런 갑작스러운 상황에 아무 것도 생각할 수 없게 되고 '무작정 어떻게든 되겠지'라는 안이한 생각만 하게 된다. 이를 해결하기 위해서는 객관적 사실과 자신의 의견을 구별해야 한다.

우리말은 주어가 불명확하다는 말을 자주 듣는다. 예를 들어 '당분간 원료 구입은 삼가는 편이 좋다고들 합니다.' 식의 표현을 보자. 이 문장은 말하는 주체가 하는 제안임에도 불구하고 누군가의 의견인 것처럼 표현하고 있다. 때문에 객관적 사실과 자신의 의견이 구별되지 않아 논지가 뚜렷하지 않다.

논술문은 구체적이고, 객관적인 사실을 바탕으로 자신의 의견을 이끌어내는 글이다. 그러므로 객관적 사실과 자신의 의견을 분리시키는 것이 무엇보다 중요하다. 그래야만 논점이 분명해지므로 논리의 전개도 분명해지고 스키마 현상에서 빠져나올 수도 있다.

■ ■ ■ 뇌의 근육을 이완시켜라

'게임 뇌'라는 말이 있다. 이 말은 뇌신경학자인 모리 아키오 니혼대 교수가 만든 말이다. 고령자의 치매에 대해서 연구하던 그는 비디오 게임을 자주하는 아이들의 뇌파가 치매증과 같은 상태에 있다는 사실을 발견했다.

뇌파에는 알파파나 베타파 등 여러 종류가 있는데, 그 중 뇌가 빈번히 사고활동을 할 때 나타나는 베타파가 게임을 좋아하는 아이들에게는 현저히 낮게 나타난다는 것이다.

눈으로 들어오는 정보는 시상을 거쳐 후두엽으로 전달된다. 여기서 다시 사고나 기억, 감정의 제어 등 고도의 정보를 분석한 전두엽에 정보가 전달된다. 전두엽에서 정보를 분석한 결과는 운동신경에 전달되어 근육을 수축시키고 이는 곧 몸의 움직임으로 나타난다.

그런데 게임 뇌를 지닌 사람의 경우, 후두엽에 들어온 정보가 전두엽에 전달되지 않고 근육에 직접 전달된다. 게임 화면을 보았을 때 생각할 틈도 없이 컨트롤러를 쥔 손가락이 순식간에 반응하는 것이다. 이러한 상태가 지속되면 어느새 전두엽을 사용하지 않게 된다. 즉 사고정지 상태에 빠져 사고활동의 바탕이 되는 베타파가 거의 나오지 않게 되는 것이다.

등골이 오싹해지는 이야기가 아닐 수 없다. 하지만 더 무서운 결과가 모리 교수의 실험으로부터 밝혀졌다. 비디오 게임뿐 아니라 이동전화의 문자 메시지를 빈번하게 사용하는 고등학생을 대상으로 한 실험에서도 게임 뇌의 현상이 나타난 것이다.

젊은이들이 보내는 문자 메시지를 보면 줄임말이나 그림문자를 사용하여 '요약'을 잘 하고 있는 것처럼 보인다. 하지만 이는 사고활동을 통한 요약이 아니라 사고활동을 생략한 기호에 불과하다. 또 이때 쓰는 글도 사고활동을 거친, 즉 문장구조를 옳게 갖춘 문장이 아니라 단순한 단어의 나열 수준이다. 비디오 게임에서 컨트롤러를 조작하는 것과 마찬가지로 손가락만 반응하고 있을 뿐이다. 체계적인 사고활동 없이 정신이 산만하다는 것은 메시지를 받았을 때의 반응을 통해서도 알 수 있다. 문자 메시지가 도착했다는 신호음이 울리면 상대방과 대화하는 와중에도 의식이 이동전화로 쏠리는 것이다. 최근에는 이동전화로도 게임을 즐기는 모습을 자주 볼 수 있다.

문장을 쓰고 읽는 일에는 본래 고도의 사고활동이 필요하다. 하지만 문자 메시지를 보낼 때는 대부분 감각적으로 조그만 단추를 누를 뿐 사물을 논리적으로 생각하고 판단하기 위해 사고활동을 하는 모습은 그 과정에서 찾아볼 수가 없다.

최근 중학생은 물론이고 초등학생에게서도 이동전화를 쉽게 찾아 볼 수 있다. 문제는 나이가 어릴수록 게임이나 문자 메시지가 주는 악영향이 크다는 것이다. 초등학생의 뇌가 그 나이에서 멈춰버린다면 어쩌겠는가? 비디오 게임을 많이 하는 아이에게 주의를 주는 부모는 많지만 이동전화로 문자를 보내는 아이에게 그만큼 관심을 가지고 주의를 주는 부모는 많지 않다.

현대를 살아가는 우리는 논리에 꼭 필요한 요소들을 얻기 위해서라도, 또 그 능력을 손상시키지 않기 위해서 주의해야 할 것들이 많이 있다. 가끔은 창의력을 저하시키는 모든 기계들을 멀리하고 두뇌를 쉬게 해 주어야 한다.

두뇌가 휴식을 취해야 창의력이 높아진다. 나는 과연 어디 있을 때 가장 좋은 아이디어를 얻는가? 필자는 지난 몇 년 동안 만나는 모든 사람에게 수없이 이 질문을 했었다. 가장 많은 대답은 '침대에 누워 있을 때', '산책을 할 때', '샤워를 하거나 목욕을 할 때' 등이었다. 일을 하거나 공부를 할 때 최고의 아이디어를 얻는다고 말한 사람은 단 한 명도 없었다.

그렇다면 산책을 할 때나 침대에 누워 있을 때, 학교에서 공부를 하거나 일을 할 때의 차이점은 무엇인가? 그것은 바로 긴장의 이완이다. 대부분의 사람들이 긴장을 풀고 있을 때 가장 좋은 아이디어가 떠오른다고 말하는 것도 이 때문이다. 창의력이 발현되는 가장 좋은 시기는 긴장을 풀고 있을 때이다.

왼쪽 뇌가 하는 일만 집중적으로 하면서 하루를 보내는 사람이 많다. 학업에 혹은 일에 너무 빠진 나머지 사물을 균형 있게 바라보는 시각을 잃을 때도 있다. 이럴 때에는 1시간에 한 번씩 휴식을 취한 뒤 공부를 하거나 일을 하면 한결 독창적이고 창의적인 아이디어를 얻을 수 있다. 재즈나 클래식 음악을 들으면서 긴장을 이완시킨다면 창의력 넘치는 생각들이 머릿속에서 탄생될 것이다. 창의성의 발휘를 수프 요리에 비유한 에머빌은 내적인 동기유발은 솥 아래의 불과 같으며 불이 뜨거우면 뜨거울수록 수프가 더 잘 요리될 것이라고 하였다. 즉 일에 대한 의욕이나 관심, 호기심으로 가득 차 있는 상태에서 더 창의적일 수 있다는 말이다. 교사는 그들 스스로 가지고 있는 호기심, 흥미, 즐거움, 개인적인 도전의식을 자유롭게 표현함으로써 학생들에게 내적 동기유발을 일으킬 수 있다. 그밖에 자극을 받을 수 있는 현장방문이나 실제 경험을 통해 동기유발을 시킬 수도 있다.

가정에서와 마찬가지로 학교에서도 억압적인 분위기는 독창적인 아이디어 생산을 저해시킨다. 창의적인 생각이나 활동은 정서적으로 안정된 분위기에서 가능하다. 교사는 정서적으로 불안해질 수 있는 요소들을 제거해 주고, 학생들이 자신의 흥미, 경험, 생각들을 자유롭게 표현할 수 있는 편안한 분위기를 만들어 주어야 한다. 평소에 학생들의 말을 주의 깊게 들어주고, 긴밀하고 따뜻한 시간을 많이 가질 때 학생들은 자유롭게 생각하고 상상하면서 창의적인 발상을 하게 될 것이다.

결국, 얼마나 자주 공부를 하느냐 하는 시간의 문제가 아니라 얼마나 적절한 타이밍에 휴식을 취하며 긴장을 푸느냐가 중요한 것이다.

■■■ 생각지도 못한 새로움

창조력을 얻은 사람은 자신의 능력에 놀라게 될 것이다. 사람은 누구나 다르게 태어난다. 그래서 생각하는 방식도 다르며 방향도 다르다. 자신만의 창조력을 만끽할 수 있는 사람이라야만 전혀 새로운 세상을 볼 수 있을 것이다.

지난날의 필자를 보면 학생들에게 논술을 가르치는 이론가가 되리라고는 상상할 수 없었다. 학창시절에 필자는 공부는 잘 하는 편이라 좋은 학교에 진학을 할 수는 있었지만 창의력과 논리력은 발휘하지 못했다. 학교에서 시키는 대로 공부만 했을 뿐이었다. 그땐 모든 게 정형화 된 풍경으로 보였다. 흐린 날엔 거무스름하고, 밝은 날엔 파랗고, 해가 질 땐 붉은 색으로 변하는 하늘을 오직 파랗다고 생각하고 있었던 것이다.

하지만 모든 가능성을 열어두고 세상을 뒤집어 보니 새로운 세상이 필자에게 다가왔다. 창조적인 논리력은 앞서 말한 바와 같이 세상을 다르게 보여준다. 세상의 모든 현상은 마치 기계의 기어가 맞물린 듯 일정한 법칙으로 움직인다는 것도 알게 되었다. 모든 현상이 필자의 머릿속에서 창의적인 생각으로 재배열되었고, 그것은 새로운 세계를 열어 주었다.

또한 세상을 뒤집어 보며 창의적인 논술문을 쓰는 것은 색다른 부분에서 사용될 수 있다. 커다란 충격을 받은 사람들은 한 동안 악몽을 꾸기도 하며 정신적인 충격에서 잘 빠져 나오지 못한다. 마음을 추슬러 다시 일상생활에 복귀해도 정신적 피해로 인한 스트레스에 계속 시달릴 수 있다. 이 같은 정신적 상처는 몇 년씩 지속되기도 한다. 이런 상황은 신기하게도 글쓰기로 회복될 수 있다.

실제로 심리학자들은 장기간 지속되는 심한 정신적 충격을 극복하는 한 가지 방법으로 글쓰기를 권한다. 글쓰기가 정신적 상처를 극복하는 데에 도움이 된다는 것은 이미 학계에 잘 알려져 있지만 최근 연구결과, 글을 쓰는 것과 함께 글을 쓰는 방식도 중요하다는 것이 밝혀졌다. 한마디로 토해내듯 모든 생각과 감정을 글로 털어놓으며 창조적인 사고활동을 하는 사이에 회복의 길로 들어설 수 있다는 것이다.

왜 창조적인 글쓰기가 피폐해진 정신력까지 치료할 수 있는 것일까? 글을 쓰는 것은 두뇌가 생각을 정리하는 과정을 포함하기 때문이다. 글은 한마디로 해결과정이다. 사람들이 겪는 문제 중 일부는 감정과 생각을 정리하고 해결하지 않은 채 어딘가에 남겨둬 그대로 곪아 터지게 하는 데서 비롯된다. 이같이 모든 것을 털어놓으며 정리하는 과정과 함께 한 걸음 뒤로 물러서서 전체 상황을 되돌아보고 창조적으로 생각하는 자세가 글쓰기를 통해 길러지기 때문에 정신적인 상처도 치유할 수 있는 것이다.

그릇의 차이가 능력을 지배한다

대기업의 회장 집에서 일하는 정원사가 있었다. 어느 날 정원을 거닐던 회장과 마주치게 된 그는 회장에게 물었다.

"하루하루 만사가 잘 풀리는 회장님이 부럽습니다. 저는 이 나이를 먹도록 나무에 붙어사는 매미 신세를 면하지 못하고 있습니다. 저도 회장님처럼 되고 싶습니다. 그래서 회장님의 성공비결을 꼭 알고 싶습니다."

회장은 그가 오랫동안 정원사로서 최선을 다했음을 알고 있는 터라 그를 도와주기로 마음먹었다.

"보아하니 당신은 원예사업을 하면 아주 잘 해낼 것 같은데요. 이렇게 하는 것이 어떻겠습니까? 공장 근처에 2만 m^2에 달하는 공터가 있습니다. 우리가 서로 합작하여 묘목을 심읍시다. 지금 묘목 1그루에 얼마씩 하는지요?"

"4만 원입니다."

"좋습니다. 1m^2에 2그루씩 심으면 인도를 제외하고 총 2만 5,000 그루를 심을 수 있습니다. 3년이 지나 이 나무 1그루에 얼마나 받을 수 있습니까?"

"약 30만 원 정도 받을 수 있습니다."

"이렇게 합시다. 묘목 값 1억 원과 화학비료 값은 내가 부담하겠습니다. 나머지는 당신이 책임지세요. 특히 나무를 잘 키워서 묘목의 상품가치를 높여 주세요.

3년 후면 우리는 60억 원 이상의 이윤을 얻게 될 것입니다. 그때 가서 절반씩 나누는 것으로 합시다.”

“예? 그렇게 많은 이윤이 생깁니까?”

놀란 정원사는 입을 다물지 못했다.

“저는 그렇게 대단한 장사는 못합니다. 그저 3년간 품만 팔아도 좋습니다.”

정원사는 고개를 절레절레 흔들며 돌아섰다.

회장도 방법이 없었다. 할 수 없이 월급을 지불하는 형태로 그를 고용해서 원예사업을 시작했다. 회장의 예상대로 묘목사업은 크게 성공하였고, 그의 재산은 더욱 늘어났다. 하지만 정원사는 평생 정원사인 채 늙어 죽었다.

이 이야기에서 알 수 있듯이 부자가 되지 못하는 사람의 가장 큰 문제는 자신에게는 그럴 만한 능력이 없다고 단정 짓는 것이다. 자신의 능력을 자신이 아는 것도 중요하지만 그 그릇의 크기를 스스로 축소시킬 필요는 없다. 나를 믿어야 남들도 자신을 믿게 된다. 나도 충분히 논리력을 기를 수 있다는 자신감을 가져야만 그 순간 논리력은 키워지는 것이다.

3 상대를 나의 팬으로 만들어라

■■■■ 논술도 쌍방향 커뮤니케이션이다

"얘야. 저것 좀 가져다 주겠니?"

할머니가 심부름을 시키자 손자로 보이는 아이는 해맑게 웃으며 대답한다.

"예, 할머니 잠깐만요. 제가 가져다 드릴게요."

참 평화롭고 아름다운 광경이라고 생각한 필자는 할머니의 반응을 보고 깜짝 놀랐다.

"이 녀석이 뭐라고? 할머니한테 네가 가져가라고? 버릇없는 놈 같으니."

나이가 들면 귀가 어두워지는 분들이 있다. 그들에게는 아주 큰 소리로 말을 해야 알아들을 수 있다. 아이는 할머니의 심부름에 밝게 웃으며 응했지만 문제는 할머니와 쌍방향 커뮤니케이션이 안 되었다는 것이다. 아이는 할머니와 쌍방향 커뮤니케이션이 가능하도록 목청 높여 이야기를 해야 했다. 이런 예는 극단적인 경우겠지만 보통의 경우에도 자신의 말이 상대방에게 전달이 되지 않거나 이해되지 못하면 대화란 무의미한 것이 되어 버린다.

연로한 부모나 조부모와 함께 지내본 일이 없는 젊은 사람들은 간혹 거리에서 만나는 노인에게 핀잔을 주기도 한다. 행동이 굼뜨다거나 말을 잘 못 알아듣는다고 불평을 하면서 말이다. 또 지하철에서 자리양보를 요구하는 노인에 대해 '나이 먹은 게 무슨 벼슬인가!' 라고 이맛살을 찌푸리는 일도 있다. 혹 성미 급한 젊은 운전자라면 신호등이 바뀌었는데도 횡단보도를 늦게 건너는 노인에게 '노인네, 집구석에나 처박혀 있지!' 라고 눈을 흘기기도 한다.

그들은 '사람이라면 누구나 늙는다.' 라는 사실을 간과하고 있는 것이다. 노인이 된다는 것은 어떤 것인가? 혈기왕성한 젊은이들은 이를 이해하기 어려워 한다. 하지만 최소한 이해하기 위한 노력은 해야 한다. 그래야 쌍방향 커뮤니케이션이 가능해진다.

인간(人間)은 사람과 사람의 사이를 뜻하는 말로서 관계의 형성이 그 핵심이다. 그러기에 사람과 사람 사이에 존재하는 의사소통의 체계로서 커뮤니케이션의 네트워크를 정의한 것이다. 아무리 탁월한 사상과 생각이라도 일방적이면 통할 수 없는 것이 커뮤니케이션의 원리다. 자기 혼자만의 생각을 일방적으로 강요하고자 한다면, 그것은 결코 제대로 된 커뮤니케이션이 아니다.

의사소통 구조가 제대로 정착된 정보화 시대는 유아독존 하는 시대가 아니라 함께 도우며 살아가는 공생(共生), 즉 네트워크의 시대이다. 남을 존중하며 자신의 생각과 사고를 일방적으로 주장하지 않고 상대방의 이야기를 잘 경청하는 것이 올바른 커뮤니케이션이다. 공론(公論)의 장에서 이루어지는 활발한 커뮤니케이션 네트워크는 그 조직이나 단체의 생명력과도 같다.

활발한 커뮤니케이션이 이루어지기 위해서는 공론의 장에서 진솔하고 건설적인 비판이 이루어져야 한다. 자신이 하는 말과 생각만이 절대적인 진리라는 생각은 버려야 한다. 다른 사람이나 상대방이 하는 말에 마음을 열고 귀를 기울이는 열린 자세가 필요하다.

그런데 최근 우리 사회에 '내 말 외에는 그 어떤 말도 전부 틀린 것이다.' 며 독선과 아집에 사로잡힌 사람들이 많이 있다. 자신의 말이 틀렸다고 지적당하면, 화부터 내거나 대화를 중단하려는 사례를 많이 볼 수 있다. 이는 다른 사람을 배려하는 마음이 존재하지 않기 때문에 생기는 현상이다.

결국 쌍방향 커뮤니케이션이 가능한 논술이란 읽는 사람이 눈앞에 있다고 생각하면서 쓴 글을 말한다. 글은 자신과 타인의 커뮤니케이션 수단이다. 따라서 글을 쓸 때에는 항상 독자를 예상하면서 써야 한다. 상대를 염두에 두고 글을 쓰면 아무것도 생각하지 않고 쓴 경우와는 내용의 충실도부터 다르다.

■■■ 핵심역량에 집중하라

핵심역량(Core Competence)이란 보통 기업에서 많이 쓰는 말이다. 이 것은 과거에 그 기업을 이끌어 왔으며 또한 적절하게 보완하거나 추가의 역량을 축적하면 미래 성장의 견인차 역할을 할 수 있는 기업 특유의 총체적인 능력, 기술, 지식, 문화 등을 의미한다. 하지만 핵심역량은 해당 기업의 직원들에게만 필요한 것이 아니다. 누구에게나 그 분야에서 특출한 성과를 올리기 위해서는 잘 할 수 있는 분야가 있어야 한다. 논술을 배우는 학생에게 필요한 핵심역량은 바로 다른 학생들과의 경쟁에서 이길 수 있는 능력일 것이다.

핵심역량이 없는 기업은 시장이 아무리 좋은 기회를 제공하더라도 그것을 충분히 활용하지 못할 뿐만 아니라 장기적으로는 위협이 될 수 있다. 즉 핵심역량을 기르지 못하면 논술에서도 다른 학생들과의 변별력을 기를 수 없는 것이다.

우리가 잘 알고 있는 기업의 예를 들어보자. 소니(Sony)는 자사가 작은 제품을 만드는 데 강점을 가지고 있다는 사실을 인지했다. 그래서 워크맨과 같은 히트 상품을 만들 수 있었던 것이다. 3M은 접착 테이프 생산에서 얻은 노하우를 바탕으로 마그네틱 테이프 분야에서 독보적인 위치를 점령할 수 있었다. 혼다(Honda)는 엔진 생산기술의 경쟁력 즉 자사의 핵심역량을 최대한 활용하여 자동차 업계에서 두각을 나타낼 수 있었다.

핵심역량의 개념은 제조업 부문에만 적용되는 것은 아니다. 서비스 산업 역시 핵심역량을 찾아내 이를 극대화하는 것이 중요하다. 다만 히트 상품이나 뛰어난 기술력처럼 눈에 드러나지 않고 무형적이라는 데 차이가 있을 뿐이다.

논술을 하기 위해서도 자신이 가장 잘하는 분야에 대한 핵심역량을 파악하고 그 역량을 집중적으로 계발하면 자신만의 논술 경쟁력은 더욱 좋아질 수 있다. 또한 논술문을 쓰는 데 재미를 붙일 수 있어서 지속적으로 발전해 나갈 수 있다. 때문에 핵심역량은 일상생활에서 체계화시키고 항상 마음속에 담고 있어야 한다.

자신이 어떤 핵심역량을 가지고 있는지 판단하기 위한 기준을 살펴보면 다음과 같다.

1. 상대방에게 가치를 제공하고 있는가?

상대방에게 전해지는 나의 행동과 말에 대하여 상대방이 시간이라는 대가를 지급하고 얻는 이익은 무엇이고, 그것을 실현할 수 있는 나의 힘이 무엇인지를 의식한다. 그러면서 나와 상대방을 면밀히 재검토할 때 나의 핵심역량이 무엇인지 알 수 있다. 예를 들어 소니는 소형화 기술이라는 핵심역량을 통하여 고객으로 하여금 휴대의 편의성을 극대화 하였다. 즉 고객이 느끼는 소니의 핵심역량은 소형화인 것이다.

2. 보유하고 있는 핵심역량을 논리적으로 적용하여 확장시킬 수 있는가?

아무리 핵심역량이 훌륭하다고 할지라도 그것이 다른 사람에게 전해지지 못하고 이해되지 못한다면 이미 쓸모없는 것이다. 가령 '비타 500

은 잘 팔린다' 라는 말이 있다고 생각해보자. 이런 말로는 아무도 이해를 시킬 수 없다. 왜 잘 팔리는지, 어떻게 판매를 했는지, 무슨 전략이 있었는지 명확한 논리적 구조가 있어야 한다.

3. 모방이 어려워서 경쟁자와 차별화될 수 있는가?

도미노피자의 경우 '30분 내 배달'이 자사의 핵심역량이었으나 모든 피자점들이 30분 내에 배달을 해줌으로써 더 이상 핵심역량이 될 수 없었다. 피아노 학과에서 피아노를 잘 치는 것은 차별화가 되지 않는 것과 같다. 모두가 다 잘하는 일은 자신만의 차별화된 능력이라고 볼 수 없다. 모방이 불가능한 창의적인 차별화는 뒤에 나오는 창의력을 배양하는 실천방안에서 자세히 설명이 되어 있다.

자신의 핵심역량을 알았다면 이러한 핵심역량 확보를 위한 방법과 이를 실행하기 위한 세부 실천방안을 수립해야 한다. 아무리 내용이 좋은 사업도 명확한 계획 없이 단기적 시각에 입각하여 전개한다면 사업의 핵심역량을 확보하는 데 많은 시간과 노력을 투자할 수밖에 없다. 이처럼 이제부터라도 기본에 충실하여 핵심역량을 확보하는 데 전력을 기울이는 도전적 자세만이 내가 쓴 논술문을 차별화시키고 경쟁에서 살아남을 수 있게 해준다.

하지만 이러한 핵심역량을 키운다 해도 그 효과를 단번에 얻을 수는 없다. 몸으로 느낄 수 없을 만큼 서서히 나타나다가 어느 순간 급격히 발전하는 것이다. 이른바 핵심역량을 가지고 있지 않은 상태에서 핵심역량을 보유하게 되는 순간을 논리의 변곡점이라고 할 수 있는데 이 변곡점

이전에는 그 변화가 별로 느껴지지 않다가 어느 지점에 도달하면서 급격히 변화하는 현상을 볼 수 있다. 이때 잠자고 있던 논리에 스핀이 걸리는 것이다.

불과 몇 년 전까지만 해도 논리적으로 불완전한 학생이 갑자기 상승된 점수로 필자를 놀라게 한 적이 있다. 이는 자신의 핵심역량을 찾고 꾸준하게 그것을 개발하고 키워나갔기 때문에 가능했다. 이런 학생은 일단 논리의 변곡점에 도달했기 때문에 이후엔 더욱 빠른 속도로 발전을 하게 된다. 하지만 그저 관찰자의 입장에서 보면 향상된 실력을 복권처럼 갑자기 찾아온 행운이라고 여기며 인정하지 않을 수도 있다.

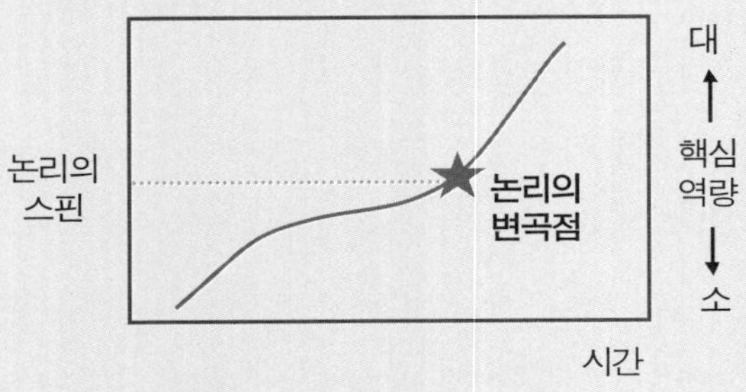

■■■■ 시대와 상대방의 요구를 포착하라

논술 답안지를 작성하기 전에 먼저 알아야할 것이 바로 논술고사의 독자는 시험관이이며 논술문은 그에게 평가를 받는다는 전제 아래 써야 한는 것이다. 시험관이 논술문을 읽는 것은 평가를 하기 위해서이기 때문에 그가 어떤 평가기준에 의해 채점하는지를 알아야 유리할 것이다.

　각 대학별 채점기준은 대학별로 논술고사 실시요강에 제시되어 있으며 대체로 착상, 내용, 구성, 전개, 표현, 전체 흐름 등의 요소를 본다. 문제의 요지와 출제자의 의도를 정확히 파악하고 논리적이고 창의적으로 글을 써야 높은 점수를 얻을 수 있다.

　'논술에 정답은 없다.'는 말이 있다. 이는 수험생이 주어진 문제에 대해 나름대로 판단하고 창의적으로 주제에 접근하거나 논거를 제시할 수 있다는 말이다. 하지만 이 말을 아무렇게나 써도 좋다는 식으로 이해하면 곤란하다. 철저하게 출제자의 의도를 파악해 논제에 맞게 써야 한다. 출제자들은 이런 문제라면 대체로 '어떤 지식(혹은 독서를 통한 경험)'을 가지고 '어떤 과정(논리)'으로 '어떤 결론'을 이끌어 낼 것인가를 충분히 예상하고 있다. 엄밀히 말하자면 논술에도 '정답'은 있는 것이다.

　논술이란 모르는 자에겐 두려움이고, 아는 자에겐 즐거움이다. 정답에 가까워져 논리의 즐거움을 느끼기 위해서는 시대의 트렌드를 읽어내야 한다. 트렌드에는 일정한 기준이 있기 때문이다. 시대의 트렌드를 관심 없이 바라볼 때는 그저 바람 따라 흘러가는 것 같지만 아주 논리적인 현상에 따라 이루어지는 것이란 사실을 알아야 한다.

　시간이 정지하지 않는 한 누구에게든 현재란 없다. 우리가 현재라고 느끼는 순간도 쉴새없이 과거로 흘러간다. 몇 분 전에 점심을 먹은 것도, 뉴스를 본 것도 이미 지나가 버린 과거다.

　하지만 우리는 먼 미래를 내다보지는 못한다. 불과 몇 분 후에 무슨 일이 일어날지도 모르는데 몇 년 후를 어떻게 내다보겠는가? 예측할 수 없는 미래를 예견하기 위해 고대에는 신의 대리인을 자처하는 이들에게 자문을 구하거나 그들의 능력을 빌었다. 하지만 그것은 미래가 궁금한 나머지 생겨난 것일 뿐 실질적인 대답은 애초에 존재하지 않았다. 트렌드란 가까운 시일에 나타날 것이 유력한 현상을 의미한다. 유력하다는 말은 예측이 틀릴 수도 있다는 뜻이다. 하지만 시대의 흐름을 잘 들여다보면 예측의 적정 확률을 높일 수 있다.

며칠 전 뉴스에서 여성 CEO의 비율이 20%를 넘었다는 기사를 보았다. 이것은 무엇을 의미하는가? 여성의 경제권이 상승한다는 것과 동시에 여성 중심의 소비가 하나의 트렌드로 작용할 거라는 것을 의미한다. 이에 한 자동차 회사는 디자인이 수려한 여성용 자동차를 발 빠르게 시장에 선 보였다. 그 결과 여성들에게 큰 호응을 얻어 최고의 히트 상품이 되었다.

과거 우리 사회에 은연중에 퍼져 있던 고정관념 중 하나가 '여자는 운전을 못한다.' 는 것이다. 그러므로 여성용 자동차는 시장성이 없다고 판단할 수 있다. 하지만 여대생 버스 운전기사도 있는 현 시점에서 그것은 트렌드를 파악하지 못한, 비논리적인 생각으로 볼 수 있다.

여성이 '경쟁력의 요체'로 부각되고 있는 현재의 트렌드를 분석하고 앞서 나아가는 사람이 논리력을 기르게 되면 다음과 같은 예에 좋은 대답을 할 수 있을 것이다.

에디슨은 전구를 발명한 최고의 발명가이다. 하지만 에디슨이 전구를 발명한 스무 번째 발명가였다는 사실을 아는 사람은 많지 않다. 어떻게 에디슨은 최초의 발견자가 아니었음에도 불구하고 전구를 발명한 최초의 인물로 기억될 수 있었을까? 이것은 논리를 시험할 좋은 문제이다. 한 번 생각해보자.

"그 시대엔 빠른 이동수단이 없었기 때문에 에디슨이 가장 빠르게 이동해서 특허청에 신고를 했기 때문일 것이다." 라고 말하는 학생들도 많았다. 하지만 조금 더 논리적으로 생각해보자.

전구를 작동시키기 위해서는 무엇이 필요한가? 바로 전선과 전압기가 필요하다. 에디슨은 전구를 발명함과 동시에 전선과 전압기를 함께 발명한 것이다. 에디슨은 비록 전구를 가장 먼저 만들지 못했지만 주변 상황을 잘 읽어내고 전구를 가동시키기 위한 부가물을 함께 발명함으로써 전구를 발명한 세계 최초의 인물이 될 수 있었던 것이다.

■■■ 3분 동안 다른 세상에 온 것처럼

초코파이엔 초콜릿이 없다. 초코파이의 겉을 둘러싼 초콜릿은 엄밀히 말해 초콜릿이 아니다. 카카오 열매의 핵심물질인 코코아 버터가 한 방울도 들어 있지 않고 코코아 분말만 소량 들어 있을 뿐이다. '바나나맛 우유'에 바나나가 없는 것도 마찬가지이다. 바나나 우유의 정확한 이름은 '바나나맛 우유'다. 제품에도 그렇게 적혀 있다. 현재 대부분의 학생들이 작성하는 논술문에 논술이 없는 것도 그와 같다.

가정통신문은 세월이 흘러도 항상 비슷한 패턴을 유지한다. 예를 들어 봄에는 '어느덧 들판엔 푸른 새싹이 돋아나고 개나리가 샛노랗게 피어 봄이라는 아름다운 계절이 우리들 앞으로 성큼 다가왔습니다.' 여름에는 '어느덧 매미소리 울리는 무더위가 찾아와 우리를 반갑게 맞이하는 이때 귀하의 가정에 인사드립니다.', 가을에는 '어느덧 아침, 저녁으로 서늘해지는 가을의 문턱에 들어선 요즈음, 댁내 건강과 평안과 풍요가 더욱 풍성하기를 기원합니다.', 겨울에는 '어느덧 겨울이 찾아와 추운 이때 댁내 건강이 유지되기를 기원합니다.' 와 같은 방식이다. 정리하면 다음과 같다.

- 시작 문장에는 꼭 '어느덧'이 들어간다.
- 다음 문장에서는 꼭 '다름이 아니오라' 혹은, '아뢰올 말씀은'으로 시작한다.
- 돈을 요구하는 통신문일수록 묘사를 하는 말이 더 많이 들어간다.

이런 진부한 가정통신문은 누구에게도 읽히지 않는다. 돈을 요구하는 가정통신문이라면 가장 밑에 있는 금액만 확인하고 팽개쳐 버린다.

하지만 우리는 되도록 눈에 띄는 논술문을 작성하여 가능한 한 오랫동안 자신을 평가하는 사람의 눈에 머물게 만들어야 한다. 그러기 위해서는 가정통신문과 같이 진부하고 지루한 글을 쓰면 안 된다.

가령, 유럽에 대한 글을 써야 한다고 생각해 보자. 해외여행이 보편화되었지만 아직까지 유럽에 가 본 사람보다는 안 가 본 사람이 더 많다.

하지만 유럽에 다녀왔다 치더라도 그때의 기억은 이미 사라져 버렸을 것이다. 더구나 한 번도 유럽을 가보지 않은 사람은 오죽하겠는가? 상상력과 창의력을 발휘하지 못하는 사람은 이럴 때 당황스러워 아무 생각도 떠오르지 않게 된다. 문제를 낸 사람은 좋은 답안을 기다리며 자신을 바라보고 있기에 부담만 더욱 커진다. 하지만 방법이 있다.

아무리 긴 논술을 원하더라도 그 글을 읽는 시간은 3분을 넘지 못한다. 다음과 같은 방법을 사용하면 평가자가 마치 3분 동안 유럽에 간 듯한 착각이 들 만큼 사실적이면서도 논리가 뚜렷한 글을 쓸 수 있을 것이다.

일단 오감을 적극적으로 활용한다. 아직 유럽에 가 보지 않았어도 사진이라든지 음악을 들으며 자신이 유럽에서 글을 쓰고 있다는 상상으로 글을 쓰면 더욱 효과적이다. 사진을 바라보는 시각과 음악을 듣는 청각, 맛을 느끼는 미각, 향을 맡는 후각, 만지는 촉각 등을 활용하면 직접 가 보지 않았지만 머릿속으로는 그곳을 충분히 향유할 수 있을 것이다.

또 비에 대한 글을 쓴다면 그저 비를 바라보는 것이 아니라 내가 직접 비가 되어 하늘에서 땅으로 떨어지고 있다고 상상하며 비를 바라볼 필요가 있다. 누구든지 그 자신의 입장이 되지 않고는 정확하게 이해할 수 없다. 글을 쓰고, 논리를 이어가야 한다면 그것에 대한 완벽한 이해는 당연히 필요하다. 한마디로 자신이 이야기해야 할 대상에 빠져들어야 한다는 것이다. 자신이 빠져들지 못하면 그 글을 읽는 사람도 글에 빠져들지 못한다. 자신이 창조한 글에 스스로 빠져들 수 있도록 블랙홀을 만들어야 한다. 어떻게 하면 글 안에 블랙홀을 만들 수 있을까?

몇 년 전부터 재래시장은 장사가 안 된다고 한다. 썰렁한 시장, 파리를 날리는 상인들, 하나 둘씩 문을 닫는 가게. 하지만 대형 할인마트에 가보면 대조적인 현상을 볼 수 있다. 주차장으로 들어가려고 줄을 서 있는 자동차들, 계산대마다 늘어선 사람들, 진열대에 상품을 채우기 위해 분주한 직원 등 물건을 사려는 대한민국 사람들은 다 모였구나 하는 생각이 들 정도로 인산인해이다.

한마디로 대형 할인마트는 블랙홀이다. 모든 쇼핑객을 그곳으로 전부 끌어들여 주변의 구멍가게, 재래시장, 슈퍼마켓의 손님은 씨가 말랐다. 이런 현상은 비단 유통업계에만 있는 것은 아니다.

논술에도 블랙홀은 존재한다. 블랙홀은 모든 별을 엄청난 흡입력으로 빨아들인다. 당연히 큰 파괴력이 있고 주변의 웬만한 별은 전부 사라지고 만다. 블랙홀이 있는 논술은 그런 글이다. 블랙홀 논술로 인정받기 위해서는 다음과 같은 노력이 필요하다.

첫째, 일반적으로 알고 있는 사실에 대한 설명은 간결하게 써야 한다. 주지의 사실, 또는 논지와 직접 관계없는 사실의 설명은 될 수 있는 대로 간략하게 쓰는 것이 논지도 뚜렷해지고, 논술문의 균형도 유지되어 좋은 논술문으로 평가받을 수 있다.

예를 들면 '오일 쇼크가 한국 경제에 미치는 영향'이라는 글에서 '오일 쇼크'에 대한 설명이 너무 길어져서는 안 된다. 중요한 것은 오일 쇼크가 아니라 그것이 한국의 경제에 미치는 영향이다. 불과 1,000자 내외의 짧은 글에서 어느 한 편의 내용이 길어지면 내용의 균형이 이루어지지 않는다. 그렇게 되면 논제와 관계없는 엉뚱한 이야기로 칸만 채우는 비효율적인 글이 되고 만다.

둘째, 같은 현상을 전혀 다른 시각으로 바라보아야 한다. 이를 위해서는 능동적인 태도가 필요하다. TV나 인터넷의 동영상 강의는 '주입식 학습'의 전형이다. 이런 학습의 가장 큰 약점은 그때뿐이라는 것이다. 아무리 훌륭한 교사와 교재가 좋은 비법을 알려준다 해도 멍하니 앉아서 듣고만 있어서는 머릿속에 남기가 어렵다. 강의를 들을 당시에는 잘 알 것 같아도 막상 원고지에 배운 것을 토대로 쓰려고 하면 머릿속이 캄캄해진다. 이미 배운 글이 지문으로 제시되어도 논제를 약간만 변형시키면 겁을 먹는다.

같은 산이라도 어느 계절에 가느냐에 따라서 전혀 다른 산으로 보인다. 남이 자주 쓰지 않는 것을 써야 한다. 남이 쓰지 않는 글은 다른 사람과 같은 대상에 대한 글일지라도 자기 나름의 시점을 가진 독창적인 글을 의미한다. '학원형 논술'이나 '틀에 박힌 논술'로는 평가자로부터 좋은 점수를 받기 어렵다.

'능동적 사고력 학습', 즉 스스로 찾아서 생각하고 문제를 해결하는 방법으로 공부해야만 자신만의 독창적인 글을 쓸 수 있는 것이다.

셋째, 도입부의 중요성이다. 자기 혼자만 쓰고 읽는 일기가 아니라 평가자라는 독자를 상정하고 쓴 글이라면 그가 이해할 수 있는 글을 써야 하는 건 당연하다. 평가자는 수많은 논술문을 읽어야 하기 때문에 결코 한가하지 않다. 글쓴이가 어떤 생각을 가지고 글을 썼는지 글을 쓴 목적과 의도를 정확하게 전달하여 평가자의 마음을 움직여야 한다.

이를 위해 글의 도입부에서는 전달하고자 하는 주제에 대해 평가자가 이미 알고 있거나, 또는 알고 있다고 생각되는 내용을 이해하기 쉽게 전달하여 독자로 하여금 질문을 상기시켜야 한다. 이를 통해 즉 평가자는 글의 본문에서 자신의 질문에 대한 답변이 나올 것이라고 기대하게 된다. 그 기대감을 줄 수 있다면 도입부를 성공적으로 기술한 것이다.

part Ⅱ

사칙연산으로
논술 길들이기

사칙연산으로 논리 길들이기
창의력만 있다면 수학도 재미있다
상대방에게 귀를 기울여라 _**플러스**
고정관념을 제거하라 _**마이너스**
생각을 쪼개고 비틀어 분석하라 _**나누기**
남과 다른 생각을 홍역처럼 전염시켜라 _**곱하기**
논술은 픽션이다

1 사칙연산으로
논리 길들이기

■■■ 나는 원래 그런 사람이라고?

살이 쪄서 운동을 결심하다가도 며칠 지나지 않아 운동은 포기한 채 아예 밥통을 손에 들고 사는 사람들이 있다. 꾸준히 운동을 하다 보면 몸의 기운이 서서히 좋아지고 에너지가 생길 텐데도 불구하고 그 짧은 시간을 견디지 못해서 항상 실패를 하게 된다.

"나는 원래 그런 사람이야."

많은 사람들이 하는 변명이 바로 이것이다. 자신에게 변명을 하면서 포기해 버리면 우선은 편할 수 있다. 그러나 문제를 하나의 도전으로 간주하고 극복해 보기로 마음먹었다면 힘은 들지 모르지만 성숙을 얻을 수 있다. 그러기 위해서는 끊임없이 자기와의 싸움을 치러내야 한다. 그 과정을 통해서 승리할 수 있는 저력을 구축할 수 있는 것이다.

가장 위험한 생각은 모든 일에 '나는 불가능 해.' 라는 꼬리표를 붙여 놓고 미리 포기해 버리는 것이다. 사람이라면 누구든 이 세상에 단 하나뿐인 존재이며, 그 운명과 능력 또한 제각각이다. 그래서 어떤 분야에서는 능력을 발휘하지 못하더라도 다른 분야에서는 뛰어난 능력을 발휘할수도 있다.

또한, 인간은 사는 동안 끊임없이 변화를 거듭한다. 삶의 과정과 사건의 고리를 이어가면서 죽을 때까지 멈추지 않고, 계속 흘러간다. 그렇기 때문에 '나는 원래 그런 사람이야.' 라는 고정관념을 버려야 한다. 자신의 능력을 제한된 범위 안에서 구속하면 새로운 것에 다가갈 수 없게 된다. 더 이상 아무런 느낌도 없고, 어떤 일에도 동요하지 않는 사람은 새로운 경험이나 새로운 시각도 얻을 수 없는 법이다.

■■■■ 멈춰 있는 창의력에 스핀을 걸어라

많은 미래학자들은 우리가 살아가야 할 21세기를 '창조화 사회' 라고 말했다. 이 창조화 사회에서 생존을 위한 가장 중요한 경쟁력 중 하나가 창의성이다. 즉 변화가 가속화되는 이 사회에서는 기존의 것을 극복하고 새로운 독점적 가치를 창출하는 것이야말로 경쟁력의 원천인 것이다.

그동안 교육 분야에서 창의력의 중요성을 인식하고 교육을 해 왔으나 실제 창의적 인재를 육성하고 창의적 사고능력을 개발하려는 진지한 노력은 부족했다. 항상 '어떻게 창의적인 사고능력을 개발할 수 있을까?' 라는 한계점에 봉착했기 때문이다.

논술의 본령은 사고력이다. 논술의 핵심이라 할 수 있는 쟁점을 파악하는 능력, 또 그 쟁점에 대한 자신의 주장을 적절한 근거를 통해 증명하는 능력 등이 모두 사고력인 것이다. 그런데 그 논술에서 다뤄지는 문제들은 이미 정답이 정해져 있는 것이 아니라 보는 이에 따라 다른 주장이 나올 수 있는 것이다. 따라서 논술에서는 개개인의 독창성을 보다 논리적으로 적용한 논술문을 원한다. 즉, 새로우면서도 타당한 답을 요구한다. 이를 위해서는 다음과 같은 능력을 길러야 한다.

1. 논리적 사고력을 길러야 한다.

쟁점의 성격을 파악하고 그 쟁점에 대한 주장과 근거를 마련하는 것은 모두 논리적 사고활동을 통해 나오는 것이다.

2. 창의적 사고력을 길러야 한다.

문제에 대한 보다 새로운 해석과 판단을 위해 숨겨진 이면을 꿰뚫어 볼 수 있는 열린 생각이 필요하다.

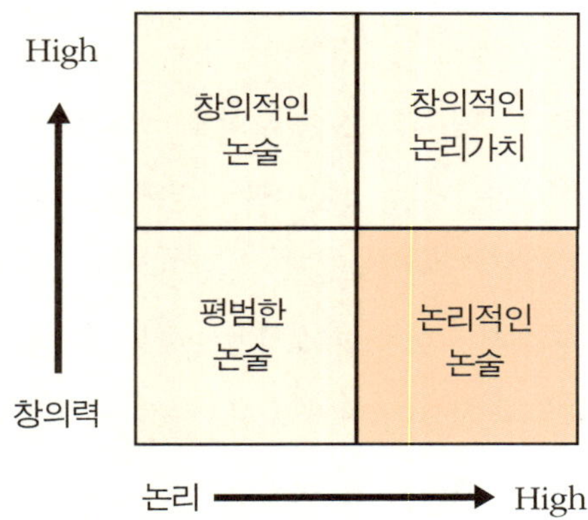

이른바 창의적 논리가치(Creative logic value)에 집중해야 한다는 것이다. 창의력이 뒷받침 되지 못하는 논리란 누구나 다 아는 진부한 것일 뿐이다. 자신만의 생각이 담긴 주장을 펴는 것이 중요하다. 하지만 우리나라 사람들을 비롯한 동양인들은 창의적 논리가치를 배양하기 위해 넘어야 할 것들이 있다. 그것이 무엇인지 알기 위해 먼저 창의적 가치에 대한 동서양의 차이에 대해 알아보자.

한국 기업을 비롯한 동양의 기업에서는 기업 내에 갈등이 생기면 가능한 불협화음을 피할 수 있는 의사결정을 내린다고 한다. 회의는 리더가 사전에 형성해 놓은 합의를 추진하는 선에서 그친다. 이처럼 동양의 기업에서는 갈등 자체를 회피하려 하지만, 미국 기업을 비롯한 서양의 기업 경영자들은 훨씬 더 적극적으로 상대를 설득하려 한다. 동양인들의 사고방식에서 보면 이것은 무례한 행동으로 볼 수 있지만 서양에서는 보다 합리적인 길이며 자유로운 의견교환을 통해 합의 되는 과정이므로 논리적이기도 하다. 그러나 동양의 경우, 이러한 과정은 과거에도 없었고 지금도 크게 달라지지 않았다.

1990년대에 들어서 미국은 44명의 노벨상 수상자를 배출, 노벨상을 휩쓸었다. 동양의 어떤 나라에서도 이와 같이 다수의 노벨상 수상자를 배출하지 못했다. 그렇다고 해서 동양의 나라들이 미국에 비해 과학 예산을 적게 책정하는 것도 아닌 것을 감안할 때 이러한 결과는 논리적인 사고방식의 결여로 인한 논쟁과 지적토론의 부재가 원인이라고 추론해 볼 수 있다.

단순히 동서양의 문화 차이를 말하고자 하는 것이 아니다. 이것은 분명 동양의 사고방식이 서양에 비해 논리적이지 않다는 것이다. 논쟁을 통해서 진리가 발견되고, 설사 진리의 발견까지 이르지 못한다 해도 유용한 가설들이 세워질 수 있다는 서양의 사고방식을 동양인들은 배워야 한다.

논리적인 사고방식은 성인이 되어서 만들어지는 것이 아니라 어릴 때부터 길러진다는 것을 알아야 한다. 서양에서는 어린 아이들에게 의사소통을 가르칠 때 자신의 생각을 분명하게 표현하라고 가르친다. 또한 '말하는 사람'의 입장에서 대화에 임해야 하며, 대화과정에서 오해가 발생하면 그것은 말하는 사람의 잘못이라고 강조한다. 이와는 매우 대조적으로, 동양에서는 어린 아이들에게 '듣는 사람'의 입장에서 말하도록 가르친다. 이는 논리적인 사고방식의 향상에 도움이 되지 않는 경향이 있다. 자신의 입장을 말하고 자신이 그 말에 책임지는 문화에 익숙해진 서양인들과, 듣는 사람의 입장을 고려한 말하기에 익숙한 동양인들이 토론을 벌인다면 그 결과는 눈에 선하다. '듣는 사람'의 입장을 강조하는 것은 개인의 독특성을 추구하지 않고 집단과의 조화로운 어울림을 추구하는 동양문화의 습성 때문이다.

동양문화는 이처럼 남에게 피해를 주지 않는 문화로서 대중 안에서 '튀는' 행동을 거부한다. 하지만 이러한 행동양식은 창의적 논리가치를 만드는 데 그다지 도움이 되지 않는 것이다.

　대학에서 논술을 심사하는 위원들은 가끔 허탈하다는 소리를 하곤 한다. 여러 학생들의 논술 답안지를 채점하다 보면 논제에 대해서 창의적인 시각이 담긴 답안이 거의 없다는 것이다.

　자신의 입장을 정확하게 발언하는 기회를 부여 받지도 못하고 공부하지도 못했던 학생들도 답답할 것이다. 그래서 여기저기에서 논리력을 키우는 방법도 찾아보고 학원도 다니지만, 논리적 사고방식이 길러지지 않은 학생들에게 학교나 학원은 창의적 가치를 키워주기에는 무리가 따른다. 창의적 논리가치에 선생님이나 학생 모두 익숙하지 않기 때문이다. 그러다 보니 학원이나 학교에서는 창의적 논리가치가 아닌 정형화된 논술문의 형태만을 가르치게 되는 악순환이 반복된다. 모든 답안이 시키는 대로 쓰여지기 때문에 학원의 스타일에 따라 학생의 논술 답안지도 달라진다.

　하지만 학원에서 만들어지는 논술 답안지는 흡사 공장에서 똑같이 찍혀 나오는 기성품과 같다. 그러므로 그 답안지는 간혹 0점으로 처리되기도 한다. 남과 똑같은 답안지를 작성한 학생에게 점수를 줄 평가자는 없다. 논술을 쓰는 것은 공장에서 대량생산되는 기성품이 아니라 자신만의 방법으로 정성을 들여 만드는 수공예품이다. 자, 이제 세상에 하나뿐인 수공예 논술을 만들기 위해 창의력에 스핀을 걸어야 할 때가 왔다.

　잠자고 있는 창의력을 깨우는 데에는 많은 사람들과 자신의 생각을 나누는 것이 가장 효율적이다. 하나의 문제를 놓고도 사람마다 의견은 천

차만별이기 때문에 되도록 많은 사람과 의견을 나누는 것은 좋다. 남 앞에서 자신의 의견을 말한다는 것이 쉬운 일은 아니지만 서로 의견을 나눔으로써 남의 생각도 알 수 있고 창의력도 기를 수 있다.

　내가 말한 의견을 남이 비판하더라도 크게 신경을 쓸 필요는 없다. 누구나 남의 의견에 대해 긍정적이기보다는 비판적이기 쉽다. 색다른 글을 직접 쓰는 것은 어려우나, 남이 쓴 글을 두고 이러쿵저러쿵 불평하는 것은 쉬운 일이기 때문이다. 예를 들어 글이 깔끔하게 쓰였다면 너무 단순한 게 아니냐고 불평할 수 있겠고, 복잡한 구조로 쓰였다면 너무 난해하게 쓰인 게 아니냐고 불평할 수 있다. 이처럼 비판을 위한 비판은 논제와 상이한 개념을 제시함으로써 언제든지 할 수 있는 것이다. 하지만 맹목적인 비판은 잠시 자존심을 세울 수 있을지는 몰라도 그것이 논리력이나 창의력을 기르는 데 방해가 되는 것은 두말 할 나위가 없다.

■■■ 사칙연산을 다시 배워라

　글을 잘 쓰는 방법은 간단하다. 글을 쓰는 일이 직업인 사람 중에는 글쓰기의 힘이 엉덩이의 힘이라고 하는 사람들이 많다. 오랜 시간 앉아서 글을 쓰는 데 시간을 투자하면 평균 이상의 글쓰기 능력을 기를 수 있기 때문일 것이다. 하지만 문제는 자신만의 관점을 가지고 논술을 쓰는 것은 엉덩이의 힘으로 길러지는 것이 아니라는 것이다. 글을 잘 쓰기 위해서는 논리적인 사고방식이 필요하고, 최고가 되기 위해서는 자신만의 창의력을 바탕으로 논리를 펴야 하기 때문이다.

많은 사람들이 '과거로 돌아가면 더 잘 할 수 있었을 텐데….' 라고 말하지만 어떤 사람들은 '과거로 돌아간다 해도 그때 했던 것보다 더 잘할 수 있을지 자신이 없다.' 고 말하는 경우도 있다. 후자가 바로 창의적 논리가치를 지니고 있는 사람이라고 할 수 있다.

논술에 있어 가장 중요한 것은 우선, 좌우상하 어디로 나아가야 할지 방향을 정하는 일이다. 첫 단계로는 단순화하면서 동시에 과제를 '구조화' 하는 것이다. 그 방법으로 초등학교의 사칙연산을 이용하면 된다. 덧셈, 뺄셈, 곱셈, 나눗셈을 잘 다루면 논술 메커니즘을 구조화하고 이해하는 데 충분히 활용할 수 있다.

그런데 사칙연산을 이용한 과제의 구조화가 간단한 것 같지만 의외로 어렵다. 자신의 상상력과 고정관념을 체계화할 때 알 수 없는 조건이 나오면 사고가 정지상태가 되기도 하는데, 그때 남은 시간이 없다고 해서 마음대로 전제조건을 만들 수는 없기 때문이다. 이것은 그동안 우리가 받아왔던 교육에 문제가 있어서이다.

한국인은 문제를 해결할 때 이미 구조가 정해진 후에 하나의 해답을 찾도록 배워왔기 때문에, 자기 스스로 전제조건을 정하거나 가정해서 구조를 만드는 일에 익숙하지 못하다. 그것은 가설을 구축하는 능력을 기르는 교육을 받지 못했기 때문이다. 많은 학생들이 수학공식만 기억할 뿐 왜 그런 공식이 존재하는지 생각한 적이 없는 것처럼 말이다.

여담이지만 필자는 공식을 외우는 것을 매우 싫어하며 잘 하지도 못했다. 그렇기 때문에 시험 때마다 왜 이러한 공식이 나왔는지 이해한 다음에 주어진 문제를 풀기 시작했다. 그렇게 하면 몇 년이 지나도 문제를 풀수 있었다. 논리적으로 파악해서 문제를 풀었기 때문이다.

논술에서도 그와 같이 논리가 중요하다. 언젠가 신문사의 부탁을 받아 사설을 한 편 쓴 적이 있었는데 한참 컴퓨터로 작업을 하는 와중에 갑자기 정전이 되고 말았다. 물론 그때까지 쓴 글이 전부 사라져 버렸다. 하지만 필자는 모든 것이 사라진 후에도 다시 그 글을 재현할 수 있었다. 아니 오히려 전작보다 더 만족할 만한 사설을 쓸 수 있었다. 이것은 창의적 논리가치가 있었기 때문에 가능한 일이었다.

창의적 논리가치가 있다면 자신이 쓴 글이 전부 사라진다 해도 그것을 처음부터 재현해 나갈 수 있으며 다시 쓰는 동안 창의적인 부분을 더 첨가할 수 있게 된다.

■■■■ 창의력을 방해하는 요소들 – 몬스터의 등장

우리가 창의적인 생각을 할 때 그와 동시에 반대편 귀에선 다른 소리가 들릴 것이다. 그 다른 소리가 바로 '몬스터'인데, 그것은 나 자신에게서 오기도 하고 남에게서 오기도 한다. 우선 남에게서 오는 몬스터에는 이런 것들이 있다.

'그건 불가능해.', '그 일은 누가 예전에 이미 생각했던 것이 아닐까?', '생각은 그럴 듯 하지만 네가 그걸 논리적으로 연결할 수 있을까?

이런 반응들은 다른 사람들의 창의적인 생각을 들을 때에도 똑같이 나타난다.

사람이라면 누구나 자신의 번뜩이는 창의력을 다른 사람에게도 인정받기를 원한다. 마음 속으로만 생각하는 것이 아니라 그 아이디어가 세상 밖으로 나와 빛을 보기를 바라는 것이다. 하지만 자신의 입장과는 달리 새로운 아이디어를 접하는 다른 사람들은 그 아이디어를 깎아 내리기 위해 여러 각도로 비판할 것이다. 이것은 분명 불행한 일이지만 그에 대처하는 방법은 있다.

창의력을 방해하는 몬스터를 무찌르는 방법		
분 야	창의적인 발상을 방해하는 요소들	내가 보완해야 할 것
몬스터1	"그건 너무 비현실적이야!"	부분적으로 적용할 수 있는 곳을 찾아보자.
몬스터2	"어디서 들었던 말 같은데?"	조금 더 이론을 확장하거나 축소해보자.
몬스터3	"무슨 말인지 이해가 안 돼."	마인드 맵을 통해 아이디어의 허점을 찾아보자.

그들의 의견에 귀를 기울이며 자신이 한 생각의 결함을 보완해 나가는 것

이다. 이것은 일련의 논리화 과정이라고 할 수 있다. 앞의 표에 나타나 있는 것처럼 보완과정을 거친다면 창의력에 논리적인 근육이 생길 것이다.

　자신에게서 오는 몬스터는 바로 도덕적 불감증과도 관련이 있다. 인터넷 문화가 발달한 지금은 컴퓨터의 마우스만 클릭하면 새로운 정보를 얻을 수 있다. 이곳 저곳을 둘러보며 스크랩만 잘 해도 한 편의 글을 만들기에 충분하다. 하지만 이것은 쉽고 편한 대신 창의력을 기르는데 도움이 되지 않는다. '한 번만 참고해야지' 하는 마음이 스크랩이라는 도덕적 불감증에서 빠져 나오지 못하게 만들수도 있다.

경험만으로 부족하다

로마 황제 수하의 한 장군이 자신의 직위에 대한 불만을 토로했다. 장군은 경력도 오래되었으며 중요한 전투에도 여러 번 참가한, 전투 경험이 풍부한 사람이었다.

황제는 먼 발치에 매어놓은 당나귀를 가리켰다.

"친애하는 장군. 저기 서 있는 당나귀를 보세요. 저 당나귀들은 스무 번도 넘게 전투에 참가했습니다. 그래도 저들은 여전히 당나귀입니다."

물론 경험과 경력은 인재를 등용할 때 매우 중요한 참고사항이다.

하지만 어떤 사람은 10년의 경력에도 불구하고 그에 맞는 연륜을 쌓지 못한다.

해마다 같은 방식으로 주어진 일을 반복하다 보면 자연스럽게 숙련되어 별 어려움 없이 수행할 수 있게 된다. 하지만 이런 습관은 독이 될 수도 있다.

경험과 경력에 대한 의존도가 지나치게 높아지면 사고활동이 그에 구속되고 상상력과 창조력은 말살되기 쉽기 때문이다.

책을 많이 읽는 것만이 능사가 아니다. 물론 책을 많이 읽어서 배경지식을 많이 쌓으면 금상첨화겠지만, 지식에 대한 소화능력이 없는 상태에서 무작정 책만 읽는 것은 무의미할 뿐더러 위험하기까지 하다.

가령, 매일 고기만 먹는다고 생각해보자. 야채를 먹지 않고 고기만 먹게 되면 각종 성인병에 걸릴 위험이 높아지고 건강에 해가 되리란 것은 불을 보듯 뻔하다. 그처럼 사고력과 창의력 없이 책만 읽는 것은 야채는 먹지 않고 고기만 먹는 것과 같은 격이다. 책을 많이 읽는다고 하여 창의력과 사고력을 가질 수 있는 것이 아니다. 창의력과 사고력을 키우고 나서 책을 읽어야 더 발전된 자신만의 시각을 가지게 되는 것이다.

2 창의력만 있다면
수학도 재미있다

흔히 수학을 딱딱한 과목이라고 생각하기 쉽다. 하지만 창의력만 가지고 있다면 딱딱한 수학에서도 재미를 느낄 수 있다. 다음의 3가지 예가 그것을 증명해 줄 것이다.

■■■ 피타고라스의 음정이론

아름다운 선율을 자랑하는 음악과 딱딱한 수학은 전혀 어울리지 않을 것 같아 보인다. 그러나 수학자는 음악의 역사 첫 장부터 등장하며 수학 없이는 음악이론을 전개할 수 없다.

'수는 만물을 지배한다.'고 주장했던 피타고라스는 음정이 '수'의 지배를 받는다는 사실을 발견했다. 음정은 동시에 울리거나 연이어 울리는 두 음의 높이의 간격을 말하는데, '도'가 그 단위이다. 음계에서 똑같은 단계에 있는 두 음의 음정을 1도, 한 단계 떨어져 있는 두 음의 음정을 2도라 한다. 간격이 한 단계씩 넓어짐에 따라 3도, 4도라 하는데, 8도를

'1옥타브'라고 부른다.

피타고라스는 장력과 재질이 서로 같은 두 현을 퉁겼을 때 나오는 두 음이 길이의 비가 2:1이면 8도, 3:2이면 5도, 4:3이면 4도 음정이 난다는 사실을 발견했다. 그리고 현의 길이가 이렇게 간단한 정수의 비로 표현될수록 어울리는 소리가 나고, 복잡할수록 어울리지 않는다는 사실도 발견했다. 실제로 1도, 4도, 5도, 8도 음정만을 '완전 어울림 음정'이라고 한다. 이렇게 피타고라스의 음정이론은 서양 음악이론의 출발점이 되면서 음악과 수학도 밀접한 관계를 맺었다.

피타고라스의 음정이론에 따라 음계를 정하는 방법을 순정률(또는 순정조, Pure temperament)이라고 한다. 현을 퉁겼을 때 현의 길이가 짧을수록 진동수는 커지고, 그 진동수가 클수록 높은 음이 나온다. 즉 음의 높이는 현의 길이에 반비례하고 진동수에 비례한다. 순정률에 따른 C장조 음계에서 각 음에 대응하는 진동수와 인접한 진동수 사이의 비를 보면 음정의 합과 진동수 비의 곱이 완벽하게 대응한다는 사실을 발견할 수 있다. 예를 들어 5도 음정과 4도 음정의 경우는 다음과 같다.

음정의 합 : 5도 + 4도 → 8도

↕ ↕ ↕

진동수의 비의 곱 : 3/2 × 4/3 = 2/1

이와 같이 음정에서도 덧셈과 곱셈 사이의 관계가 성립하기 때문에 곱셈을 덧셈으로 바꾸는 로그가 이런 맥락에서 이용된다.

순정률은 음정을 정수의 비로 간단하게 나타내고 이에 따라 완벽한 화음을 보장한다. 그렇지만 순정률에서는 음정이 일정하지 않다. 똑같은 2도 음정이라도 진동수의 비가 각각 9:8, 10:9, 16:15로 다르기 때문이다. 거의 비슷한 처음 두 가지를 각각 온음이라 하고, 훨씬 작은 마지막 경우를 반음이라고 한다. 그런데 순정률에서는 두 반음의 합이 온음이 되지 않는다는 결정적인 약점이 있다. 즉 반음에 대응하는 진동수의 비인 16/15을 두 번 곱하면 약 1.138로 온음에 대응하는 진동수의 비 9/8≒1.125 또는 10/9≒1.111보다 커진다. 그래서 C장조를 D장조로 조바꿈을 할 경우 D와 E의 첫째 음정은 진동수의 비가 원래의 9:8이 아니라 10:9가 되는데, 이 경우에는 그 차이를 거의 알 수 없다. 그렇지만 다음 음정은 온음이기 때문에 E와 F 사이의 반음과 F와 F# 사이의 반음을 더해야 하는데, 음계에 이런 음정은 없다. 이런 문제점은 곡이 진행될수록 더욱 커진다.

순정률은 순수하고 완벽한 화음을 지녔기 때문에 음 높이를 자유롭게 바꿀 수 있는 무반주 합창(아카펠라)이나 현악기의 합주 등에서는 그 화성적 아름다움이 살아난다. 하지만, 음 높이를 고정시킨 악기(피아노, 관악기 등)에서는 온음의 폭이 고르지 않고 조바꿈이 곤란한 문제점이 있다.

　순정률의 문제점을 보완한 방법으로 현재는 건반 악기를 중심으로 해서 1옥타브를 반음씩 12등분한 평균율(Equal temperament)이 일반적으로 쓰이고 있다. 반음씩의 등분은 이에 대응하는 진동수의 비를 일정하게 정한다는 말과 같다.

　이에 따라 각 반음에 대응하는 진동수의 비를 $\sqrt[12]{2} ≒ 1.0595$로 정해야 한다. 무리수가 이 곳에도 등장하는데, 이런 비는 수학자 마린 메르센(Marin Mersenne, 1588~1648년)이 처음으로 제시했다. 그러므로 평균율에서 음정은 반음씩 증가하는 등차수열을 이루고, 이에 대응하는 진동수는 일정한 비율 $\sqrt[12]{2}$로 증가해서 1옥타브 올라가면 2배가 되는 등비수열을 이룬다.

　평균율은 복잡한 무리수의 비를 이용하지만 정수의 비를 이용하는 순정률에서 많이 벗어나지는 않는다. 예를 들면 5개의 반음으로 이루어지는 4도 음정과 7개의 반음으로 이루어지는 5도 음정에 대응하는 진동수의 비를 순정률과 평균율에서 비교해 보면 다음과 같다.

음정	순정률	평균율
4도	$4/3 ≒ 1.3333$	$(\sqrt[12]{2})$의 5승 $≒ 1.3348$
5도	$3/2 = 1.5$	$(\sqrt[12]{2})$의 7승 $= 1.4983$

　평균율에서 유일한 순음정(Pure interval)은 1옥타브뿐이며 어울림 음정과 안 어울림 음정이 건반 위에서는 동일한 음정이 되는 모순이 있다.

그러나 평균율은 모든 장조와 단조가 연주 가능한 실용적 음계를 이루며, 자유로운 조바꿈과 조옮김은 물론 자유로운 화음 진행을 원활하게 한다는 장점이 있다.

■■■ 음미할수록 닮은 음악과 수학

한 음악애호가가 위대한 피아니스트인 조지프 호프만과 레오폴드 고도프스키를 만나 악수를 나누면서 그들의 작은 손을 보고 놀라움을 금치 못했다. 그래서 그는 "당신처럼 위대한 예술가가 그렇게 작은 손으로 어떻게 그런 훌륭한 피아노 연주를 할 수 있습니까?"라고 물었다. 그러자 고도프스키는 "누가 피아노를 손으로 친다고 합니까?"라고 반문했다.

피아노는 진정 마음의 악기다. 이달 초 미국 록펠러 대학 카스파리홀에서 개최된 '다중수리과학(수학의 여러 분야가 혼합된 것)과 피아노'란 제목의 음악회 겸 토론회의 참석자들은 이런 생각이 더욱 분명하다. 의사와 수학자, 생물학자, 컴퓨터, 과학자 등 8명의 아마추어 피아니스트들이 참가한 이날 모임에서 소개된 음악작품들은 너무나 복잡미묘하고 논리적이어서 차라리 수학에 비유될 정도였다.

이들의 연주는 아마추어와 전문가의 경계를 넘나드는 것으로서 풍부한 감성과 기교로 어우러져 로맨틱하고 인상적인 분위기를 자아냈다. 연주 후 이 피아니스트들은 뉴욕타임스의 수석예술 평론가인 마이클 킴멜

만이 주재하는 토론에 참석했다. 킴멜만은 음악과 과학에 대한 인식의
공통점을 끌어내는 데 주력했다.

한편 미국 매사추세츠 대학(MIT) 미디어 테크놀로지의 조교수 마이클
하우리 박사는 '음악을 대할 때마다 마치 악기가 어떤 몸짓을 소리로 표
현하는 것 같아 놀라곤 한다.'고 말했다. 즉 도구를 통해 자신을 표현하
고자 하는 것은 음악가뿐만 아니라 과학자나 기술자도 매력적으로 느낀
다는 것이다.

토론에 참석한 의사들은 음악을 분석적이기보다는 실용적인 입장에서
접근했다. 뉴욕의 렌 호로비츠 박사는 음악이 치료 예술이란 점을 강조
했다. 음악은 약으로 치료할 수 없는 안락함을 제공할 수 있다는 것이다.

■■■■ A4 용지는 어떻게 탄생 했을까?

복사용지를 포함해 공문서 등에 가장 많이 사용되고 있는 종이가 바로
A4 용지다. A4 용지의 규격은 297mm×210mm이다. 단순하게 300mm
×200mm로 정하면 훨씬 편했을 텐데 왜 이렇게 복잡하게 규격을 정했
을까? 게다가 A4 용지는 우리 눈에 가장 아름답게 보인다는 황금비율을
이루지도 않는다. 황금비율은 $(1+\sqrt{5})/2 \fallingdotseq 1.618$인 반면, A4 용지의 폭
에 대한 길이의 비는 약 1.414이다.

■■■ 종이의 경제학

  일상생활에서 사용되는 종이는 제지소에서 만든 큰 규격의 전지를 절반으로 자르고 또다시 절반으로 자르는 과정을 반복하면서 만들어진다. 그런데 이렇게 절반으로 자르다 보면, 원래의 규격과 다른 모양이 될 수 있다. 예를 들어 300mm×200mm와 같이 폭에 대한 길이의 비가 1.5인 종이를 절반으로 자르면, 200mm×150mm 크기로 만들어지고 이때의 비는 1.333(4/3)이다. 1.333의 비를 가진 직사각형은 1.5의 비를 가진 처음 종이에 비해 뭉툭해 보인다. 이것을 일상생활에 필요한 용도로 이용하기 위해서는 종이의 일부를 잘라 보기 좋은 형태로 만들어야 한다. 그렇게 되면 아까운 종이뿐만 아니라 펄프도 낭비하게 된다.

  독일 공업규격위원회(Deutsche Industry Norman)는 큰 종이를 잘라서 작은 종이를 만드는 과정에서 종이의 낭비를 최소로 줄일 수 있는 종이의 형태와 크기를 제안했다. 적절한 규격을 선택했을 때, 파지의 절반을 그대로 편지지로 사용하고 편지지의 절반을 그대로 메모지로 사용한다면 종이를 많이 절약할 수 있을 것이라고 여겼다. 이렇게 해서 등장한 것이 A4 용지다.

■■■■ 문제는 닮은꼴

　절반으로 자르는 과정에서 만들어지는 종이를 그대로 사용하기 위해서는 어떻게 해야 할까? 우선 전지의 규격이 보기 좋아야 하고, 이를 절반으로 자르고 또다시 절반으로 자른 작은 종이들이 전지의 모양이 전지의 형태와 동일하면 바람직하다. 수학적으로 말하면 서로 닮은꼴이어야한다는 얘기다.

　전지의 길이 대 폭의 비를 $x:1$이라고 하자. 그러면 이것을 절반으로 자른 종이의 길이 대 폭의 비는 $1:x/2$이다. 두 직사각형이 서로 닮은꼴이므로 비례식 $x:1=1:x/2$ 가 성립하고, 이로부터 2차 방정식 $x^2 2=2$를 얻는다. 그래서 $x=\sqrt{2}$이다. 이렇게 전지의 폭에 대한 길이의 비를 $\sqrt{2}$로택하면, 반으로 자르는 과정에서 이 비가 항상 유지된다. $\sqrt{2}$는 황금비율은 아니지만 눈으로 보아서 큰 차이가 나지 않는다. 이렇게 도형의 닮은꼴, 비례식, 2차 방정식, 무리수 등의 수학적 개념이 종이 재단이라는 일상생활에서 유용하게 쓰이고 있다.

■■■■ A4와 B4 용지의 차이

　앞에서 A4 용지의 폭에 대한 길이의 비는 약 1.414였다. 눈치챘겠지만, 이 값은 실제로 $\sqrt{2}$를 가리킨다. 단지 제조과정에서 편의를 위해 근사

값을 택했을 뿐이다. 그런데 왜 297mm×210mm일까?

A4 용지의 전지를 A0라고 하는데, A0의 규격은 1,189mm×841mm이다. 더 복잡한 수치다. 그런데 A0용지의 넓이를 계산해보면 999,949mm² 임을 알 수 있다. 이는 1,000,000mm², 즉 1m²의 근사값이다. A0는 폭에 대한 길이의 비가 $\sqrt{2}$이고, 넓이는 1m²가 되도록 만든 종이이다. 이를 절반으로 자르는 과정에서 A1, A2, A3, A4 등의 'A판' 용지가 만들어진다.

B4와 B5 용지도 A판과 같은 원리로 만들어진다. 전지 B0의 폭에 대한 길이의 비는 $\sqrt{2}$이고 넓이는 1.5m²가 되도록 규격을 1,456mm×1,030mm로 정했다. 이를 절반으로 자르는 과정에서 B1, B2, B3, B4, B5 등의 'B판'이 만들어진다. A판과 B판의 모든 용지가 서로 닮은꼴이다(A0와 B0의 닮은비는 $\sqrt{1.5}$이기 때문에, 적절한 비율로 확대하거나 축소해서 다른 용지에 복사할 수 있는 또 다른 이점이 있다).

A판과 B판의 폭에 대한 길이의 비는 우리 눈에 가장 아름답게 보인다는 황금비는 아니다. 그렇다고 주변에서 황금비를 이루는 종이나 책을 찾아보기 쉬운 것도 아니다.

실제로 황금비율을 이루는 직사각형을 그려 보면 이것이 매우 길다는 느낌을 갖게 될 것이다. 이렇듯 수학적으로 만들어진 종이인 A판과 B판이 현대적 황금비율이 아닐까?

3 상대방의 말에 귀를 기울여라_플러스

■■■■ 닫힌 귀를 열어라

2005년 한국과 중국 사이에 '기생충 김치' 파동이 있었다. 중국에서 수입한 김치에서 기생충 알이 검출되었다는 보도가 한국 매스컴에서 나오자 중국정부에서 한국산 김치와 고추장, 양념장 등의 식품에서 기생충 알이 검출됐다며 수입 금지 조치를 단행했다. 국내 업체들은 김치를 중국에 수출한 적이 없다고 반박했지만 한·중 양국이 '기생충 알' 김치를 놓고 벌이는 미묘한 갈등은 좀처럼 해소될 기미가 보이지 않았다. 문제는 여기에서 그치지 않았다. 한국과 중국을 조용히 지켜보고 있던 일본이 나선 것이다.

일본의 식탁에서 한국산 김치가 사라지게 된 것이다. 김치 자체도 사라졌지만 문제는 김치가 들어가는 다른 가공식품에까지 그 파장이 일고 있다는 것이다. 김치 파동이 있기 전 일본 내의 매장 식품코너에는 '김치라면'과 '신라면' 등 한국산 라면이 일본 라면을 제치고 매장 상위 진열대를 점령하고 있었다. 하지만 김치 파동 이후 일본인의 식단에서 외면받게 된 것이다.

특히, 김치 라면을 트레이드 마크로 내세운 한국 업체들은 김치가 건강식품으로 분류되면서 시장 점유율 경쟁에서도 일본 등 다른 나라 업체들을 제치고 선두에 오르기도 했었다. 그러나 유통기한이 지난 중국산 김치를 동결·건조시켜 사용한 라면이라는 보도가 일본 전역에 퍼지자 이후 한국 업체의 라면에 일본인들의 손길이 뚝 끊긴 것이다.

결국 한국과 중국이 서로를 비방 하느라 정신 없는 사이에 일본은 '한국, 중국 김치에는 다 기생충이 있다.' 라고 말하며, 일본의 김치 수출량을 늘리기 위해 혈안이 되었다. 이리하여 세 나라가 서로를 비방하며 자신의 입장만을 내세우게 된 것이다. 그 결과 어떤 나라의 의견도 귀에 들어오지 않게 되고 오직 자신의 생각만 옳다는 논리의 오류에 빠져들게 되었다. 이러한 논리의 오류가 발생한 이유는 무엇일까?

그것은 각 나라마다 저마다의 입장이 있는데 다른 이의 말은 듣지 않고 자신의 의견만 말했기 때문이다. 이를테면 '귀를 열어야, 논리가 보인다' 는 것이다.

물론 상대방에게 자신에 대한 부정적인 의견을 듣는 일은 그리 유쾌한 일이 아니다. 그래서 우리는 보통 자신에 대한 부정적인 의견을 상대방에게 들을 때 논리에 전혀 맞지 않는 쓸데 없는 변명을 하거나, 상대방의 의견에 대한 약점을 들추기 위한 노력만 하게 된다. 상대방에게 부정적인 의견을 듣고 기분이 나빠졌다면 억지로라도 '왜 저 사람은 나에게 그런 말을 한 것일까?' 라는 생각을 해 보자. 이 질문을 통해 우리는 상대방이 자신에게 그런 말을 하게 된 원인에 집중할 수 있게 된다. 그리고 대부분의 경우, 그 원인을 알게 되면 상대방의 불평에도 나름대로 합리적인 이유가 있었다는 것을 알게 될 것이다.

■■■ 감정을 제어하라

다른 의견을 내세우는 상대방 때문에 자신도 모르게 분노가 치밀어 오르는 상황에서는 어떤 것도 얻을 수 없다. 그러므로 자신과 다른 의견이나 논리를 가진 상대방의 이야기를 듣기 위해서는 자신의 감정을 제어하는 기술이 필요하다. 의견을 교환하며 자신의 감정을 제어할 수 있는 방법을 터득한다면 더 많은 가치를 얻을 수 있을 것이다.

우선, 자신의 감정상태가 어떤지 살펴보아야 한다. 언뜻 보면 자신의 감정상태를 살펴보는 게 일도 아닌 것처럼 느낄 수 있으나 생각만큼 쉬운 일은 아니다. 우리는 종종 '기분이 나쁘다.' 라는 말을 한다. 하지만 '도대체 왜 기분이 나쁜 건데?' 라고 물어보면 선뜻 그 이유를 말하지 못하고 자신이 왜 기분이 나쁜지조차 설명할 수 없는 경우가 많다. 감정을 제어하기 위해서는 자신의 상태가 어떤지 정확하게 파악하는 것이 중요하다. 그래야 상대방의 의견에 그만큼 가깝게 다가갈 수 있다.

감정상태가 파악되었다면 다음과 같은 질문을 스스로에게 던지며 사실을 있는 그대로 보는 눈을 만들어야 한다. '내가 지금 사실이라고 믿는 것들이 내가 직접 보고 들은 것인가?'

앞서 예로 들었던 한국, 중국, 일본 세 나라에서 일어난 김치 파동을 생각해 보자. 사실 국민들은 그 나라에서 보도된 기사만을 보고 판단을 하게 된다. 그러나 그 기사는 대체로 자국에 유리한 입장에서 씌어진 것이기 때문에 문제를 정확하게 판단할 수 있는 근거가 되기엔 부족하다. 보다 현명한 판단을 위해서는 세 나라의 자료를 통해 객관적인 사실을 습득해야 할 것이다.

자신의 감정상태를 파악할 수 있고, 사실을 있는 그대로 보는 눈을 가졌다면 현상을 인식할 때 다양한 가능성을 열어 두는 것도 필요하다. 현상에 대한 정확한 사실을 가지고 있다 하더라도 상대방이 자신이 알고 있는 것과 다른 의견을 피력한다면 감정에 휩싸여 대화를 망칠 수도 있기 때문이다.

■■■ 상대방의 생각을 내 것으로 만들어라

감정을 제어하며 상대방의 생각을 온전히 들었다면 '왜 이렇게 되었을까?' 에 대한 분석을 통해 그것을 내 것으로 만들 수 있다. 이 과정에서 '자신의 생각은 옳고 남의 의견은 무조건 틀렸다.' 라는 아집에서 벗어날 수 있다. 이때 자신의 의견에서 50% 정도는 열어 두는 것이 중요하다. 아무리 상대방의 의견을 들었다 할지라도 자신의 의견이 100%를 차지하고 있는 상태라면 그것이 옳고 그름을 떠나, 자신의 의견에 대한 과도한 열정으로 흥분을 하게 될 수 있다. 흥분을 한다는 것은 이미 논리적인 상태에서 벗어났다는 것을 의미한다. 흥분하면 합리적인 사고가 불가능해지고, 그 순간부터 나오는 말은 그저 단어의 나열만 될 뿐이다.

흥분을 예방하기 위해 다음과 같은 사항을 스스로에게 물어볼 필요가 있다.

- 나는 지금 어떤 상황에 처해 있는가?
- 상대방은 어떤 상황에 처해 있는가?
- 상대방과 나의 의견은 근본적인 것을 파헤치지 못하고 변두리에서 서성이고 있지 않는가?
- 상대방의 의견을 통해 내가 얻고자 하는 것은 무엇인가?

하지만 이때 모든 이의 동의를 얻고자 억지로 노력할 필요는 없다. 어떤 사실을 얼마나 차별화 시켜 설명하느냐가 논술의 관건이기 때문이다. 모두의 동의를 얻는다는 것은 개성이 없는 의견이 될 수 있다. 논술 고득점의 노하우는 남과 똑같은 재료를 가지고 전혀 다른 것을 만들 수 있는 힘을 기르는 것에 있다.

예를 들어 김과 단무지와 밥과 햄이 있다고 생각해 보자. 대부분의 사람들은 이 재료를 가지고 김밥을 연상하며 만들 것이다. 하지만 논술에 서 중요한 것은 똑같은 재료를 가지고 전혀 다른 맛을 내는 '무엇'을 만 들어야 하는 것이다. 누구나 만드는 김밥으로 높은 점수를 기대하기는 어렵다. 왜냐하면 심사위원들이 문제를 낼 때 예상할 수 있는 답이 나올 수 있기 때문이다. 그래서 모든 이의 동의를 얻는 것이 아닌 온전히 자신 만의 의견이 필요한 것이다. 가령, 그와 같은 재료로 누구나 만들어 보는 김밥이 아닌 비빔밥을 만들어 보자. 같은 재료지만 김밥과 비빔밥은 전 혀 다른 모양이며 맛도 다르다.

4 고정관념을
제거하라 _ 마이너스

■■■ 창조력을 가로막는 고정관념

누구나 의식 내부에는 고정관념이 자리하고 있다. 편견, 습관, 경직된 사고, 변화에 대한 두려움 등도 있다. 고정관념은 사물이나 현상의 실제 모양을 왜곡시키고 판단력을 방해한다. 그렇다면 고정관념의 정체는 과연 무엇일까?

첫째는 굳어버린 생각이다.

사람의 생각은 차갑고 빳빳하게 굳어버리기 쉽다. 경직된 사고는 사람의 생각과 행동을 제약할 수밖에 없다. 굳어버린 생각은 틀에 박힌 공식을 좋아하기 마련이고 새로운 세계를 접할 기회를 빼앗아 버린다. 고정관념에 빠지면 어떤 일이든 개척하기 어려울 뿐 아니라 나태해지기 쉽다.

둘째는 고정된 시각이다.

사물이나 현상을 한쪽에서만 보려고 하면 다양성이 부족할 수밖에 없

다. 편견, 부정적 사고, 흑백논리, 수직적 사고 등에 빠지면 사물이나 현
상을 제대로 볼 수가 없다. 사물이란 여러 각도에서 봐야 제대로 파악 된
다. 고정된 시각에서 보는 동전의 모양은 언제나 둥글지만 다른 시각에
서 보면 동전은 타원이나 직선으로도 보이기도 한다.

셋째는 습관이다.

사람은 세월이 흐르면서 습관과 관습, 전통에 길들여진다. 옛날부터
그래왔다는 것에 지나치게 가치를 부여하다 보니 그것을 새롭게 전환시
키는 걸 망설이게 된다. 새 구두를 신으면 발이 아프지만 헌 구두를 신으
면 발이 편한 이치와 같은 것이다. 누구나 옛 것을 편하게 여기고 변화하
기를 거부하려는 경향은 조금씩 있기 마련이다.

넷째는 상대적 가치와 절대적 가치의 혼돈, 즉 주객의 전도다.

본질은 무엇이고 수단은 무엇인지, 변하는 것은 무엇이며 변하지 않은
것은 무엇인지, 중요한 것은 무엇이며 덜 중요한 것은 무엇인지를 파악하
지 못하는 것이다. 그래서 우리는 흔히 본질보다 수단, 절대적 가치보다
상대적 가치, 내용보다 포장에 더 가치를 두고 의미를 부여하려고 한다.

이처럼 고정관념은 현상유지에 만족하는 것이다. 그렇다고 남이 하지
않는 생각이나 행위를 한다고 무조건 고정관념을 깨는 것으로 볼 수는 없
다. 무의미하고 비실용적인 것은 진정한 '고정관념 깨기' 라 할 수 없다.

고정관념을 깬다는 것은 일상의 궤도를 이탈하는 것이 아니라 도리어

그 궤도로 복귀하는 것으로 이해해야 한다. 경직된 사고에서 벗어나 사물을 유연하게 보고 인식하자는 것이다. 관습이나 편견에 얽매이지 말고 처음 시도하듯이 시작하는 자세가 필요하다.

고정관념이란 생각이 묶여 있다는 것을 의미한다. 코끼리가 어렸을 때는 힘이 약하기 때문에 말뚝을 박아 묶어 두면 코끼리가 더 먼 곳까지 가려고 계속 시도하다가 결국 포기하게 된다. 그런데 재미있는 것은 이 코끼리가 어른이 되었을 때다. 어렸을 때 '나는 이 묶인 곳에서 벗어날 수 없구나.' 라는 생각이 머릿속에 박혀 충분히 그 말뚝을 뽑고 탈출할 수 있는 힘을 가진 어른이 되어도 벗어날 시도조차 하지 않은 채 그 안에서 빙빙 돌기만 한다고 한다. 더 발전할 수 있는 가능성을 충분히 가지고 있는데도 생각을 바꾸지 못해서 그 가능성을 발휘하지 못하는 것이다.

고정관념은 스스로 인식하지 못하는 경우가 대부분이다. 몸에 피어싱을 하는 사람들은 이유 없이 불량스럽다고 생각하고 그들이 하는 생각까지 불량스러울 것이라 단정짓기도 한다. 이 밖에도 직업 뒤에 성별을 가리키는 단어가 당연하게 붙는 경우도 그에 해당된다. 요구르트 배달 아줌마, 경찰 아저씨, 간호사 언니 혹은 누나 등 특정 연령대의 특정 성별을 떠올리는 것이다.

사람에 대한 고정관념도 많지만 요즘 필자가 많이 느끼고 있는 고정관념은 사물에 관한 것이다. 의자는 앉아서 기대는 것이라는 생각, 화장실 문은 불투명해야 한다는 생각, 집은 한 곳에 고정되어야 한다는 생각 등 우리가 깨야 할 고정관념은 너무나 많다.

■■■ 눈이 오면 청소년 비만율이 증가한다?

　논술의 구조를 밝힐 때에는 원인에서 결과에 이르는 인과관계를 포착하는 것이 매우 중요하다. 하지만 인과관계란 단순하게 원인과 결과만 말하는 것이 아니다. 그 속을 깊숙하게 들여다보면, 고정관념을 빼고 자꾸만 생각의 넓이를 확장해 가는 창의력이라는 감각이 있어야 함을 알 수 있다.

　예를 들어 '눈이 오면 청소년 비만율이 증가한다.' 라는 명제를 생각해 보자. 얼핏 보면 눈이 오는데 왜 비만율이 증가하는지 이해할 수 없다. 하지만 하나하나 분석해 보면 이 명제의 인과관계를 찾을 수 있다. 단지 어림짐작으로 인과관계가 거의 없는 명제의 의미를 확장한 것이 아니다. 이것은 분명 논리적인 사고를 통해 결과를 얻은 것이다.

　눈이 오면 기온이 떨어진다. 그러면 당연히 감기에 걸린 사람들이 늘어난다. 하지만 가장 감기에 걸리기 쉬운 연령은 아직 몸이 제대로 성장하지 않은 청소년들이다. 청소년들이 감기에 많이 걸리면 몸이 아프고 그래서 학교를 결석하는 일이 발생한다. 요즘 대부분의 학교에서는 급식을 하다보니 결석한 학생들의 수만큼 음식이 남는다. 한참 발육을 하는 학생들이 그 남은 음식을 그냥 둘 리 없다. 학생들은 조금씩 음식을 더 섭취할 것이고, 그러한 과식이 습관이 되어 청소년 비만으로 이어질 확률이 높아지는 것이다. 자, 이제 눈이 오면 청소년 비만율이 증가한다는 명제는 어느 정도 설득력을 갖게 되었다.

만약 인과관계의 확률이 10억 분의 1밖에 되지 않는다 해도 각 단계마다 논리적으로 증명을 한다면 100%의 확률인 것처럼 만들 수도 있다. 또 인과관계의 논리 계열이 강할수록 확률을 높일 수 있는 것이 가능해진다.

이 인과관계의 논리는 앞에서 서술한 바와 같이 사칙연산의 구조에 따라 머릿속에서 단련하는 것이 가능하다. 이를 위해서는 항상 '왜 그럴까'를 머릿속에서 추궁하는 것이 중요하다. '왜 그럴까?'라는 물음을 통해 사칙연산을 구조화하며 논리적인 사고력을 기를 수 있을 것이다.

■■■■ 최고의 질문을 던져라 : Why so?

왜? 왜! 왜?

질문이 창의력을 만든다. 어떤 사물을 보았을 때 '왜?' 그걸 깨닫고 '왜!' 또 다른 질문의 '왜?' 이렇게 계속 꼬리를 물고 질문을 하고 깨닫고 또 다시 질문을 해야 한다. 질문이 생각을 가속화 시켜 창의력을 만들어 내고 대답도 만들어 낼 수 있다.

　같은 재능과 능력을 가졌다고 해서 반드시 똑같이 성공하지는 않는다. 다양한 분야에서 모든 역경과 실패를 딛고 우뚝 올라서는 사람들도 있다. 그들이 성공할 수 있었던 공통분모는 무엇일까?

　필자는 그것이 자기 자신과 다른 사람들에게 하는 질문에 있다고 생각한다. 성공하지 못하는 사람들은 묻는다.

　"왜 하필 나야?"

　하지만 성공하는 사람들은 묻는다.

　"이 경험을 어떻게 이용할 수 있을까?"

　질문은 생각을 결정하고, 생각은 마음가짐을 결정하고, 마음가짐은 행동을 결정한다.

　질문의 힘에는 크게 2가지가 있다.

첫 번째 질문의 힘은 대답을 들을 수 있다는 것이다.

　사람들은 매일 수 많은 종류의 반사 작용을 경험한다. 뜨거운 물체를 만지면 손을 움츠리고, 큰 소리가 나면 눈을 깜박인다. 그리고 질문을 하면 대답한다. 물론 대답을 하지 않을 수도 있겠지만 우리가 처음 느끼는 충동은 대답을 하는 것이다. 사실 대답을 해야 할 것처럼 느껴진다. 바로 이러한 이유로 질문을 하는 사람이 훨씬 더 유리한 위치에 서게 되는 것이다.

　질문은 인간의 언어만큼 복잡하고 인간의 생각만큼 포괄적이다. 일반적으로 질문을 하는 이유는 특정한 정보를 구하기 위해서이다. 그러나 종종 아주 광범위하고 애매한 질문에는 무슨 대답이든 대충 들어맞는 경우가 있다. 대충 들어맞는 대답을 원하는 게 아니라면 질문도 애매하게 하지 않아야 한다. 이것은 인터넷에서 검색을 할 때도 마찬가지이다. 검색어를 제대로 입력해야 원하는 답에 근접할 수 있다.

사람들의 사고활동을 살펴보면 질문을 하고 있다는 것을 알게 된다. 생각은 계속 서술문으로만 진행되지 않는다. 생각을 하고 있을 때 우리는 자기 자신과 대화를 하고 있다. 내면의 독백은 누군가의 대답을 기대하지 않는다고 해도 질문으로 이어진다.

토마스 에디슨이 발명한 전구는 1,200번 실패하고 나서야 거둔 성공이었다. 한 기자가 그에게 물었다. "1,200번의 실패를 어떻게 감당하셨습니까?" 에디슨이 대답했다. "나는 1,200번 실패를 한 것이 아니라, 1,200번의 방법이 효과가 없다는 것을 알아내는 데 성공한 것이죠."

에디슨은 실패할 때마다 스스로 질문과 사고를 거듭했다. '어째서 기대했던 결과가 나오지 않은 것일까?', '어떤 가설이 잘못되었을까?' 일단 어떤 가정에 대해 질문을 하기 시작하면 결국은 그 가정을 바꾸게 된다. 그러면 처음과는 전혀 다른 새로운 아이디어가 떠오를 수 있다.

5 생각을
쪼개고 비틀어 분석하라 _ 나누기

■■■■ 수직형 사고와 수평형 사고

뉴튼은 떨어지는 사과를 보고 만유인력의 법칙을 발견했다. 갈릴레이는 성당의 흔들리는 샹들리에를 보며 지동설에 대한 확신을 가졌고, 목동 소년 조셉은 장미넝쿨에서 아이디어를 얻어 철조망을 발명했다.

지나치기 쉬운 평범한 현상에서 비범한 아이디어를 찾아내는 이들의 공통점은 무엇일까? 현상을 다양한 각도에서 인식하고, 창조적으로 생각하는 능력을 가졌다는 점이다.

창의력에 관한 세계적인 석학 드 보노 박사는 인간의 사고유형을 크게 수직형 사고와 수평형 사고로 나누었다. 웹스터 사전에도 올라있는 두 개념에 대한 설명에 따르면, 수직형 사고는 이미 알고 있는 진부한 논리인 것에 반해, 수평형 사고는 창조적인 면을 강조하는 것이다. 좀 더 쉽게 말해, 수직형 사고는 이미 누군가가 팠던 구덩이만 계속 파고들어가는 것이라면, 수평형 사고는 장소를 가리지 않고 여기저기 구덩이를 파는 것으로 비유할 수 있다.

이미 누군가의 의해서 이야기된 논술만 쓰려고 하고, 남과 비슷한 방법으로 작성하려 한다. 이것은 어떤 문제에 대해 모두가 수직형 사고를 하기 때문이다. 그래서 또 비슷한 글을 가지고 기존의 글의 범위 안에서 경쟁하는 일을 반복하게 되는 것이다. 창조적인 글을 쓰려면 발상을 전환해야 한다. 비상식적이고 검증되지 않은 새로운 발상이 바로 수평형 사고이다.

하나의 사실이나 문제를 생각할 때 수직형 사고에서 180° 전환한 수평형 사고를 해 보도록 하자.

어느 하나의 대상이 정해지면 그 대상을 인식할 때 수직형 사고에서 한 발 더 나아가서 새롭게 발상을 전환해 본다.

'이사' 라는 대상을 놓고 보자.

이사의 상식적인 수직형 사고는 '힘들고 고되다.' 라는 것이다. 여기에서 생각이 멈춘다면 이사를 어떻게 힘들이지 않고 편하게 할 수 있을까, 라는 아이디어만 나올 것이다. 친구를 부른다든지 조금이라도 덜 힘들게 하기 위해 주변 사람들을 얼마나 많이 동원할지에 대한 생각만 할 수밖에 없다.

이런 생각들은 이미 오랜 동안에 수많은 사람들이 생각했던 것들이기 때문에 사람들에게 새로움을 줄 수 없다. 또한 직업이 없는 사람이야 상관이 없겠지만 직장이 있는 사람에게는 이사를 간다는 것은 하루의 소득을 포기해야 하는 상황이 된다. 주변에 아는 사람들을 모아서 이사를 하는 것도 쉽지 않은 일일뿐더러 미안함을 느끼게 될 수밖에 없다.

그러나 한 걸음 나아가서 발상을 180° 바꾸어 보자.

'이사는 힘들지 않다.' 라고 발상을 바꾸어 본다. 물론 상식적으로 말이 되지 않는다. 그러나 때론 비상식적인 사고가 새로운 것을 만들어 낼 수 있다. 이러한 사고의 전환이 바로 수평형 사고이다. 대부분의 사람들은 비상식적이고 비논리적인 사고를 하지 않으려 한다. 그러나 대상과 재결합을 시도하면 새로운 아이디어가 떠 오를 수 있다.

'내가 굳이 이삿짐을 꾸리고 하루의 시간을 들여 고생할 필요가 없다면 이사는 힘들지 않다. 누군가 내 대신에 짐을 싸주고 이사를 해주면 되겠는데?'

답은 포장이사가 될 수 있다. 예전에는 하루종일 힘들게 이사를 했지만 지금은 이사하는 사람들의 대다수가 포장이사를 선호한다. 이것은 누군가의 수평형 사고로 인해 만들어진 창의적인 발명인 것이다. 포장이사를 하면 이사에 대해 신경을 쓰지 않아도 되고, 직장에 다녀오면 말끔하게 이사가 마무리되어 있어 매우 편리하다. 이런 수평형 사고는 다음과 같은 방법으로 일상생활에 이용할 수 있다.

예를 들어 이번에 새롭게 개장한 대형 운동장을 평가하기 위해 평가자들이 운동장 근처에 모여 있다고 하자. 한 사람은 운동장 오른편에, 다른 한 사람은 그 반대편에 서 있다. 그리고 또 다른 두 사람은 양 옆에 서 있다. 이 네 사람에겐 운동장이 서로 다른 모양으로 보일 수밖에 없다. 이런 형태로는 논리적인 사고를 할 수 없다.

수평형 사고는 네 사람이 함께 운동장의 사면을 돌아가며 관찰하는 방법이라 할 수 있다. 여러 사람이 어느 한 순간 동일한 관점에서 함께 본다는 의미에서 수평형 사고라고 하는 것이다.

이것은 의도적으로 반대의 관점에 서서 토론과 논쟁을 벌이는 방법과는 전혀 다른 것이다. 왜냐하면 수평형 사고는 모든 사람이 동일한 방향을 함께 바라보는 것이기 때문이다. 수평형 사고는 여기에서 그치지 않는다. 수직형 사고는 두 사람의 의견이 일치하지 않으면 서로 상대방이 틀렸다는 것을 증명하기 위해서 논쟁을 벌이게 된다. 이러한 논쟁은 서로가 바라보는 관점이 다르기 때문에 일어나는 것이다.

그러나 수평형 사고는 서로 대립되는 견해를 일단 모두 기록해 놓고 서로 다른 견해들 중에 꼭 하나를 선택해야 하는 경우에만 선택의 시도를 하면 된다. 만약 이런 선택이 불가능하다면 양쪽의 가능성을 다 포용할 수 있는 새로운 대안을 생각해야 하는데 수평형 사고는 항상 이 점에 초점을 맞춘다.

흔히 많은 사람들은 자기 자신이 얼마나 똑똑한가를 과시하고 싶어서, 혹은 상대방의 제압을 통해 느끼는 쾌감 때문에 논쟁을 즐긴다. 하지만 이러한 논쟁은 서로에게는 물론 개인에게도 도움이 되지 않는다.

■■■ 1%의 창의력이 99%의 노력을 완성시킨다

노력한다고 누구나 성공하는 것은 아니다. 누구나 공부를 잘하면 좋겠지만 밤낮을 세워가며 노력한 수많은 학생들이 전부 100점을 맞을 수는 없는 일이다.

이것은 1%의 결여 때문에 생겨나는 일이라고 볼 수 있다. 물은 보통 100˚C에서 끓는다. 아무리 많은 노력을 할지라도 99˚C에서는 물이 끓지 않는다. 하지만 99˚C에서 1˚C만 더해지면 물은 전혀 다른 성질로 바뀌며 끓기 시작한다. 노력을 해도 성과가 나오지 않는 이들에게 그 부족한 1˚C는 바로 창의력이다.

1%의 창의력을 얻는 자만이 성공을 한다. 창의력의 중요성은 역사를 통해서도 증명되어 왔다. 과학적 발견에서도 100% 노력이란 없다. 사물을 남과 다르게 보며 자신만의 독특한 관점 즉, 창의력으로 성공한 연구자들의 공통점은 세계를 이끌어나갈 혁신적인 제품을 발명했다는 것이다.

여기에서 주의 깊게 생각할 것은 누구나 알고 있는 에디슨의 말, '천재를 만드는 것은 99%의 땀과 노력 그리고 1%의 창의력' 이다. 이 말에 숨겨진 뜻은 99%의 노력이 중요하다고 주장하는 것이 아니라 99%의 노력이 있다고 하더라도 무언가를 창조하기 위해서는 반드시 1%의 창의력이 필요하다는 것을 강조한 것이다.

하지만 상상과 창의력은 다르다는 것을 알아야 한다. 상상은 창조의 예광탄일 뿐, 상상을 했다고 창조가 이루어지는 것은 아니다. 창조는 새로운 것을 만들어내는 행동이다. 상상이 창조로 연결되려면 '상, 연, 실'의 3단계를 거쳐야 한다.

'상'은 상상이다. 처음에는 백지에서 상상한다. 실행 가능성의 여부를 떠나 자유롭게 생각하라. 고정관념을 버리고 발상을 바꿔 가며 상상의 나래를 펼쳐라.

'연'은 다양한 생각들을 서로 연결하고 결합하는 것이다. 상상만 하면 허상에 빠질 수 있다. 여러 아이디어를 다시 조합해 새로운 컨셉을 찾아야 한다. 새롭게 찾아낸 방향과 컨셉을 실행할 방법들과 연결해 보라.

'실'은 실행이다. 새로운 아이디어는 대부분 기존에 실행되지 않은 것들이다. 다른 사람들이 생각은 했지만 실행에 옮기지 않은 것이다. 새로운 아이디어는 실행될 때 비로소 자신의 것이 된다.

■■■ 생각의 끈을 놓지 말아라

보통 우리는 TV를 '바보상자'라고 부른다. 하지만 모든 것은 각자 보기 나름이다. 필자는 TV를 바보상자라고 생각하지 않는다. 그것을 보는 사람이 바보가 아니라면 TV도 훌륭한 매체가 될 수 있다.

두말할 필요 없이 TV는 전원을 켜는 즉시 정보를 계속해서 제공해 준다. 리모컨을 누르면 쉽게 채널을 바꿔 색다른 정보를 접할 수 있다. TV를 보며 멍하게 앉아 있기만 한다면 그것은 그저 바보상자에 불과하다.

인간은 TV 앞에서 수동적으로 되어 정보를 취사선택하려는 의식이 줄어들기 때문이다. 극단적으로 말하면 정보를 접해도 생각을 하려 들지 않는 것이다.

TV뉴스를 보면 영상과 함께 자세한 설명이 나와 쉽게 이해가 되는 것 같은 느낌을 받는다. 하지만 그 정보는 생각만큼 오래 머릿속에 남지 않는다. 기억을 할 만하면 바로 다음 소식으로 넘어가든지 광고가 나오기 때문이다. TV는 기억할 시간을 주지 않는 매체라고 할 수 있다. 끊임없이 새로운 정보만 주기 때문에 시청자로 하여금 머리를 써서 정리할 시간을 주지 않는 것이다.

이런 폐해로부터 조금이라도 벗어나기 위해서는 나름대로의 시청태도를 가지는 것이 요구된다. 앞서 언급한 '수평적인 눈'으로 발언자의 말을 머릿속으로 생각하며 시청하는 것이다. 발언자가 말한 것에 모순은 없는지, 있다면 그 모순은 어떤 방법으로 수정·보완 될 수 있는지를 생각한다. 처음에는 귀찮게 느껴질 수 있지만 한두 번 하다 보면 습관이 되고 그러한 '수평적인 눈'을 통해 창의적인 관점을 기르는 눈을 가질 수 있다. 이를 바탕으로 발언자의 말이 편향되지는 않았는지, 다른 관점으로 바라볼 때에는 어떤 주장을 할 수 있는지에 대한 나름대로의 논리력을 가질 수 있다.

　TV를 보면서도, 신문이나 잡지를 보면서도 이렇게 생각의 끈을 놓지 않는다면 자신에게 다가오는 새로운 정보에 대해 좋은 효과를 얻을 수 있다. 생각에 끈을 이어나가는 것이 중요하다는 것은 아래에 소개하는 일화에서도 잘 나타나 있다.

　"내가 지금 어느 방향에서 왔는지 아는가?"
학생들이 교수실 쪽에서 왔다고 말했다. 그러자 그는 이렇게 말했다.
"음. 그렇다면 내가 이미 점심을 먹었다는 말이군."

　프린스턴 대학에서 있었던, 아인슈타인의 집중력을 보여 주는 일화이다. 그는 종종 양말 신는 것조차도 잊곤 했다. 때로는 수표를 책갈피로 사용하기도 했는데 이런 집중력은 그를 최고의 과학자로 우뚝 서게 했다.

　집중력은 생각에서 나온다. 무언가에 대한 생각을 지속적으로 함으로써 그 생각과 생각의 끈이 생기며 집중력이 발생하는 것이다. 그러나 집중력을 오랫동안 유지하기는 사실상 어렵다. 아인슈타인 같이 뛰어난 사람이 아니라면 말이다. 하지만 다행히도 생각은 누구라도 지속시킬 수 있다. 생각을 놓지 않으면 집중력도 생기고 아이디어도 튀어나오게 되는 법이다.

하지만 모든 장소에서 똑같이 양질의 아이디어를 얻을 수는 없다. 그렇다면 최고의 아이디어를 얻을 수 있는 장소는 어디인가?

『거인의 어깨 위에 올라서라』를 저술한 마이클 겔브는 20여 년 동안 수천 명에게 같은 질문을 하였다. 대부분의 사람들은 침대에 누워서, 운전을 하면서, 혹은 샤워를 하면서 최고의 아이디어를 얻는다고 말했다. 반면 직장이나 학교에서 최고의 아이디어를 얻는다고 말한 사람은 거의 없었다.

최고의 아이디어를 떠오르게 하는 원천은 바로 편안한 휴식이다. 그러나 휴식은 충분조건이 아니다. 깨끗이 잊고 있는 상태에서는 아무것도 떠오르지 않는다. 최고의 아이디어는 생각의 끈을 또 하나의 조건으로 한다. 생각의 끈을 유지함으로써 잠재의식을 활성화시킬 수 있는 것이다.

창의력 있는 사람은 직장 일이건 개인 일이건 해결해야 할 문제가 있으면 그 문제를 의식에서 놓지 않는다. 운전을 하든, 밥을 먹든, 휴식을 취하든, TV를 보든, 항상 그 문제를 의식의 전면에 배치하여 순간적으로 스치는 섬광이나 사소한 동기에도 즉시 끄집어낼 수 있도록 한다. 대부분의 아이디어는 연상작용의 결과로 나오는데, 생각의 끈이 없으면 연상작용 자체가 일어날 수 없기 때문이다.

우리 주위에서 일어나고 있는 모든 현상들에 대해서 생각의 끈을 놓지 않는 것, 바로 이것이 자신을 변화시키고 성공으로 인도하는 문이 아닐까? 생각은 창의력을 얻을 수 있는 무형의 끈이다. 살아있으려면 아니, 살아도 죽은 사람이 되지 않으려면 생각하기를 게을리하지 말아야 한다.

그렇다고 하여 생각의 끈이 샌프란시스코의 금문교를 매달고 있는 철끈과 같을 필요는 없다. 생각의 끈은 예쁜 강아지가 멀리 도망가지 못하게 묶어 둘 수 있을 정도면 된다. 생각의 끈을 놓지 않는 동안 약간의 스트레스는 있을 수 있을 수 있다. 그러나 약간의 스트레스는 자신을 위해서도 없는 것보다 있는 편이 더 낫다.

손수건과 여행 안내도

폐업 위기에 처한 손수건 판매점이 있었다. 인근에 손수건 종류도 많고 도안이 다양한 대형 상점이 생기면서 손님을 많이 빼앗겼기 때문이다. 업종 변경을 심각하게 고려하던 주인은 마음이 심란하여 멍하니 창 밖만 내다보고 있었다. 마침 밖에는 관광객들이 대형버스에서 끝도 없이 내리고 있었다. 갑자기 그가 벌떡 일어서며 큰 소리로 말했다.

"여행 안내도! 그래 여행 안내도를 그리는 거야!"

아내는 남편이 너무 힘들어서 미친 게 아닌가 싶어 황급히 달려왔다. 아내가 듣기에 남편은 계속해서 엉뚱한 소리를 하고 있었다.

"여행 안내라니 직업을 바꾸겠다는 소리에요?"

"아니, 우리 손수건에 안내도를 그려 넣자는 얘기야. 손수건으로 여행 안내도를 만들자는 거지. 손수건을 두 가지 용도로 쓰면 실용적이지 않겠어?"

아내는 남편의 말이 그럴 듯 하게 들렸다.

그들은 교통지도와 관광명소 안내도를 결합한 그림을 손수건에 그려 넣어서 팔았다. 기념품으로도 손색이 없었기 때문에 판로는 쉽게 열렸고, 매출이 크게 늘어 상점을 오히려 확장시킬 수 있었다.

만약 아무 특징 없는 손수건만을 계속 팔았다면 저 상점은 어떻게 되었을까? 아마 이변이 없는 한 곧 문을 닫았을 것이다. 하지만 여행 안내도를 손수건에 함께 그려 넣는 획기적인 발상으로 인해 상점은 적자를 면하고 규모를 확장시킬 수 있었다. 이와 같이 평범한 이야기를 논리적으로 꾸미는 것은 좋은 점수를 얻지 못한다. 항상 무언가 새로운 것을 찾아 나서며 생각에 생각을 거듭하여 창의적인 논리가치를 만들어야 할 것이다.

예를 들어, 일반 모래시계를 생각해 보자. 모래시계는 일반적으로 사우나에서 시간을 재는 일에 주로 사용된다. 하지만 위에서 아래로 흐르는 모래를 액체로 대체하여 밀도를 이용, 거꾸로 아래에서 위로 흘러 올라가게 만들었다고 생각해 보자. 그 효과는 어떨까? 아래에서 위로 올라가는 새로운 모래시계는 헐값에 사우나에 팔리는 모래시계에 비해 훨씬 높은 가격에, 장식용으로도 팔릴 수 있을 것이다.

6 남과 다른 생각을
홍역처럼 전염시켜라 _ 곱하기

■■■■ 불확실성에 대한 포용력

잠재된 호기심을 일깨우고 경험의 깊이를 탐구하고 감각을 예민하게 하면 그동안 알지 못하던 것과 마주하게 된다. 불확실한 것을 대할 때 마음을 여는 것이, 독창적인 잠재력을 계발할 수 있는 가장 효과적인 방법이다. 이른바 '불확실성에 대한 포용력'의 원칙이 마음을 여는 열쇠가 되어줄 것이다.

불확실성을 포용함으로써 보다 창조적이고 풍요로운 생활을 할 수 있다. 다음 12 항목을 자신의 생활에 비추어 체크하며 읽어보자.

변화가 가속화됨에 따라 이제 우리는 애매함이 늘어나고 확실성을 유지하기가 점점 어려워진다는 사실을 알게 되었다. 애매함을 알고도 잘해 나갈 수 있는 능력이 일상생활의 일부가 되야 한다. 모순된 상황을 접할 때는 잠시 멈추어 서는 것이 효과적일 뿐만 아니라, 급속히 변화하는 세계 속에서 정신을 차릴 수 있는 열쇠가 되기 때문이다.

1. 나는 애매한 문제가 있어도 마음이 편하다.

2. 나는 직관의 리듬에 잘 적응한다.

3. 나는 변화에도 성공한다.

4. 나는 일상생활에서 유머를 느낀다.

5. 나는 성급히 결론에 도달하는 경향이 있다.

6. 나는 수수께끼, 퍼즐, 농담을 즐긴다.

7. 내가 초조해지는 때를 안다.

8. 나 혼자만의 시간을 충분히 갖는다.

9. 내 본능을 믿는다.

10. 나는 모순되는 아이디어들을 마음에 편히 지니고 있을 수 있다.

11. 나는 모순을 즐겁게 받아들이고, 아이러니에 민감하다.

12. 나는 창의력을 고양시키는 데 있어서 갈등이 중요한 역할을 한다고
    인정한다.

얼마 전에 미국에서는 도안이 거꾸로 인쇄된 24센트짜리 항공우표 한 시트가 270만 달러(약 28억 원)에 최종 낙찰됐다.

영국 BBC의 보도에 따르면, 비행기 도안이 거꾸로 인쇄된 이 역쇄우표 4장이 뉴욕 맨해튼의 시걸 옥션 갤러리에서 미국 우표 경매 역사상 최고가로 익명의 수집가에게 낙찰된 것이다.

　이 우표는 지난 1918년 미국이 처음으로 발행한 항공우표 중 도안이 거꾸로 인쇄된 100장 가운데 4장으로 같은 해에 워싱턴 우체국의 수집가 윌리암 로베이에게 팔린 뒤 이후 낱장으로 분리돼 수집가들에게 되팔려 나갔다.

　도안이 거꾸로 된 우표가 처음 1918년에 인쇄되었을 때는 지금처럼 이 우표가 높은 가격을 받으며 팔려 나갈지 아무도 생각하지 못했을 것이다. 하지만 불확실성에 대한 포용력이 있다면 다른 생각을 해 볼 수도 있다. 규격에 맞는 우표는 얼마든지 많고, 다시 또 인쇄할 수 있다. 따라서 도안이 거꾸로 된 이 우표의 희소성은 대단한 것이 아닐까?
　이처럼 일상생활을 하면서도 주변에서 일어나고 있는 모든 사건과 대화에 귀 기울여 불가능한 것을 가능하게 만들 수 있는 방법들에 대해 생각해 보자. 그러한 습관을 들인다면 창의력과 사고력을 발전시키는 데에 많은 도움이 될 것이다.

　영화 ‘죽은 시인의 사회’의 한 장면을 통해서도 불확실성에 대한 포용력의 중요성을 알 수 있다. 영화에서 ‘키딩 선생’은 교탁 위로 선뜻 올라선다. 그리고는 자신이 왜 이곳에 올라 서 있는지를 학생들에게 물으면서 대화가 시작된다.
　학생은 그저 보이는 대로 “키가 커 보이고 싶어서요.” 라고 대답한다. 그러자 키딩 선생님은 “그게 아니지. 사물을 다른 각도에서 다르게 보려는 거야. 여기선 세상이 달라 보인다. 믿어지지 않으면 직접 올라 와서 봐라. 그리고 어떤 사실을 안다고 생각할 때 다른 각도에서 보는 습관을 기르렴. 비록 틀리고 바보같이 보일지라도 시도해 보면 전혀 새로운 관점을 가질 수 있을 거야."

이것은 비단 영화의 한 장면으로 기억되기엔 너무나 중요한 이야기이다. 보다 더 넓은 세계를 이해하고, 그 속에서 새로운 것을 발견하기 위해서 새로운 각도에서 사물을 보도록 가르치는 '키딩 선생'은 학생들에게 창의적인 사고를 일깨워 주고 있다. '키딩 선생'의 말을 정리해 보면 책을 읽을 때도 저자의 생각보다 읽는 자신의 생각을 중요시 여겨야 한다고 강조하고 있다. 또한 다른 사람의 소리가 아닌 자기 자신의 소리를 찾으라고 하고 고정관념과 과감하게 부딪쳐 새로운 세계를 보라고 말하고 있다.

■■■■ 새로운 컨셉을 창조하라

남과 같은 생각으로 논술문을 쓴다면 결코 좋은 점수를 받을 수 없다. 남을 뛰어넘기 위해서는 독특한 것을 창조해야 한다. 새로운 것을 창조하고 경작하지 아니하면 좋은 점수를 받을 수 없다.

우리나라의 문화에 대해서 생각해 보자. 외국 사람들이 우리나라에 오면 한국의 빠른 문화 때문에 놀란다고 한다. '빨리빨리'로 대변되는 우리나라의 문화를 어떻게 생각하는가? 좋은 것인가, 혹은 나쁜 것인가?

다음 글을 보며 생각해 보자.

아침에 일어나면 "빨리 가방 챙겨 학교(회사) 가라."는 어머니의 말씀부터 "엄마, 빨리 밥 주세요."라는 말까지 '빨리빨리'는 우리가 가장 흔히 듣는 일상어이다.

그러나 나는 요즘 '빨리빨리 증후군'의 심각성을 실감하고 있다. 특히 지하철을 탈 때 그렇다. 승객들은 지하철 에스컬레이터를 타고도 가만히 서 있지 못하고 계단을 올라간다. 밀치며 올라가려는 사람들 때문에 밀고 싶지 않은 사람들도 어쩔 수 없이 옆 사람을 밀고 마는 상황까지 발생하게 된다.

위의 글은 누구나 생각할 수 있고, 누구나 겪고 있는 생각이다. 이런 논술문은 차라리 일기에 가깝다고 할 수 있다. 우리가 추구하는 논술은 이렇게 누구나 생각할 수 있는 것이 아니다. 누구나 겪고 있지만 아직 생각으로는 정립되지 않은 것을 주변에서 찾아 새로운 컨셉을 만들어야 한다.

'빨리빨리 문화는 부정적이다'라는 보편적인 생각에서 벗어나 좀 더 시야를 넓혀 보자. 지금 우리나라의 경제를 비롯한 세계 경제는 위기에 직면해 있다. 위기의 시대일수록 변화를 주도하고 남보다 앞서 뛰는 나라가 세계사의 주역으로 부상한다는 사실은 역사가 증명하고 있다. 이럴 때 우리나라의 '빨리빨리' 문화가 변화와 스피드라는 경쟁 요소로 작용

한다면 우리나라는 디지털 시대의 주역으로 도약하며 발전할 수 있을 것이다.

예를 들어 이동전화, 컴퓨터, 자동차 등 다른 나라에서라면 5~10년은 족히 쓸 물건도 우리나라에서는 1~2년만 지나면 골동품이 된다. 우리나라 사람들은 그만큼 변화를 좋아하고 또 즐기기까지 한다. 덕분에 우리나라의 휴대폰은 한 달이 멀다 하고 신제품이 출시된다. 이는 세계 시장에서 혀를 내두를 만큼 혁신적이다.

실제로 우리나라 사람들은 변화를 두려워하지 않는 특성을 갖고 있다. 원천기술을 보유하고 있는 미국에서도 상용화하지 못한 CDMA 기술을 세계 최초로 상용화한 나라도 한국이다. 매일 새로운 일들이 일어나길 기대하며 살아가는 민족이 바로 우리나라 사람들이다. 하루만 늦어도 모든 노력이 수포로 돌아갈 만큼 경쟁이 극심한 것을 감안하면, 우리나라 사람들의 급한 성미는 오히려 축복이 아닐 수 없다.

■■■ 생각은 무섭게 진행되는 전염병이다

무언가에 대해서 생각을 하기 전에 제한을 두면 생각은 그 틀 안에서 머물지만 틀을 두지 않고 자유롭게 생각한다면 상상할 수 없을 만큼 넓고 깊은 생각의 폭을 가지게 될 것이다. 그러나 생각하고, 상상하는 것이 모두 창조가 되는 것은 아니다. 창의력이 넘치는 논리력을 기르기 위해서는 백지에 연필로 그리는 것이 효과적이다. 마인드 매핑을 이용하면 멋진 창의력이 쏟아져 나올 것이다.

평소에 탐구하고 싶은 아이디어나 신선한 사고를 요하는 문제들을 생각해 보자. 그리고 커다란 백지를 갖다 놓고 그 중심에 주제의 추상적인 이미지를 그린다. 그 이미지를 보며 자유 연상을 하는 동안 연상한 내용을 중심에 그린 이미지에 가지 치는 식으로 기록한다. 마음이 흘러가는 대로 내버려 두면 전혀 엉뚱해 보이는 결론이 나올 수 있지만 떠오르는 모든 생각을 마인드 맵 속에 적으며 계속한다. 어색하고 평범하지 않은 연상이 때로는 창의적인 아이디어로 발전될 수도 있다.

충분히 아이디어를 생각해 낸 다음에는, 휴식 시간을 갖고 곰곰이 생각해 본다.

일반적으로 이런 저런 걱정으로 정신이 분산되면 생각이 잘 정리되지 않는다. 어떤 일이든 한 가지에만 집중해야 판단이 쉽다. 하지만 흥미를 잃지 않기 위해서는 한 번에 여러 가지의 생각을 머릿속에 담아야 한다. 아주 가끔 한 가지 일에만 매달리는데 그 일에서 더 이상 무엇인가를 찾을 수 없으면 일단 그 일을 접어 두고 다른 일을 한다. 나중에라도 그 일에 도움이 되는 새로운 아이디어가 떠오를 것이다. 일을 접은 후에라도 좋은 아이디어가 생각나면 다시 원래 하던 일로 돌아가 그 일을 해낸다.

　한 가지 일을 깊이 고민한다고 꼭 좋은 생각이 떠오르는 것은 아니다. 동시에 여러 가지 문제를 떠안고 있을 때 오히려 더 좋은 영감이 떠오를 수 있다. 눈 앞의 어려운 문제에서 잠시 벗어나 다른 문제를 해결하다 보면 과거의 문제를 해결할 수 있는 새로운 방법을 얻을 수 있으며, 한 번에 떠안을 수 있는 문제의 개수도 나날이 늘어나 짧은 시간에 많은 사회 현상을 파악할 수 있게 될 것이다.

7 논술은 픽션이다

■■■ 상식을 의심해라

우리는 지금까지 다음과 같은 사칙연산을 이용하여 논술을 길들이는 방법에 대해 알아 보았다.

- 상대방에게 귀를 기울여라 : 플러스
- 고정관념을 제거하라 : 마이너스
- 생각을 쪼개고 비틀어 보라 : 나누기
- 남과 다른 생각을 홍역처럼 전염시켜라 : 곱하기

여기에서 우리는 왜 상대방에게 귀를 기울이고, 고정관념을 제거하고, 생각을 쪼개고 비틀어 남과 다른 생각을 홍역처럼 전염시켜야 하는지 생각해 볼 필요가 있다. 이는 이미 가지고 있는 상식을 의심하고, 창의력이란 날개를 장착하라는 말이다. 어떻게 하면 그렇게 할 수 있을까? 답은 간단하다. 논술이란 바로 픽션(Fiction), 즉 소설이라는 것에 주목하면 간단하게 해결된다. 다만 무조건적인 허구가 아닌 논리적인 허구라는 게 다른 점이다. 논리정연하다는 말을 듣는 사람을 살펴보면 말도 안 되는 이야기를 자신만의 논증을 내세워 말이 되게 만드는 재주를 가지고 있다. 그 재주를 가지기 위해 우리는 지금 사칙연산으로 논술을 배우고 있는 것이다. 배웠으면 실전에 들어가기 전에 연습문제를 통해 두뇌를 활성화하는 작업이 필요하다. 그래서 다음과 같은 몇 가지 생각해 볼 만한 문제를 만들어 보았다.

아래에 제시된 문제는 예상 문제가 아닌 생각해 볼 문제라는 것을 미리 말해둔다. 어떤 일이든 연습만큼 좋은 훈련은 없다. 창의력이 있는 논술 답안지를 작성하기 위하여 미리 연습을 한다고 생각하며 다음에 제시된 문제에 대해 생각해 본다면 도움이 될 것이다.

1. 한국 축구는 왜 늘 우리를 불안하게 만드는가?

2. 독서가 밥 먹여주나?

3. 한국에서는 왜 노벨상 수상자가 많이 나오지 않는가?

4. 반미 촛불 시위를 한 후에 영어학원에 가는 사람을 어떻게 설명할 수 있나?

5. 음식물을 섭취하지 않아도 생명을 유지할 수 있는 저렴한 약이 있다면 세계의 경제는 어떻게 될까?

6. 한국인의 냄비근성은 좋은 것인가, 나쁜 것인가?

7. 스크린 쿼터가 한국의 문화를 보호하는 데 어떤 도움을 줄까?

8. 베스트셀러 목록에 외국 서적이 80% 이상을 차지하는 이유는 무엇인가?

9. 담뱃값의 대폭 인상은 국민 건강에 도움을 줄 수 있을까?

10. 국기에 대한 맹세가 국민들에게 애국정신을 함양시킬 수 있는가?

11. 인터넷 '댓글'에 대한 처벌은 표현의 자유를 침범하는가?

12. 하나의 거대 기업이 한 나라를 먹여 살릴 수 있을까?

13. 대학 서열화는 청소년의 창의력에 어떤 영향을 미치는가?

14. 양심적 병역 거부에서 '양심'이라는 말은 적절하게 쓰인 것인가?

15. 교육 개혁은 교사로부터 시작되어야 하나, 학생으로부터 시작되어야 하나?

16. 강의 실력이 좋지만 부패한 선생님과 강의 실력이 형편 없지만 청렴한 선생님 중 어느 편이 좋은가?

17. 다단계 판매원과 보험설계사의 차이점은 어떻게 설명할 수 있나?

■■■■ 자신만의 논증 포인트를 잡아라

위에 제시한 17개의 질문에 대해 생각할 때 가장 중요한 것은 나만의 논증 포인트를 찾는 일이다. 논술시험에는 여러 가지 조건과 함께 제시문이 나오지만 결국 하나의 글을 써야 한다. 이때 자신의 관점에 따라 주장을 펼치는 글을 쓰기 위해서는 논증을 구성할 수밖에 없다. 논증만이 다른 수험생과 차별화 시킬 수 있는 관건인 것이다.

남과 다른 자신만의 논증 포인트를 찾기 위해서는 원하지 않는 결과에 유의하며 생각하는 버릇을 가져야 한다. 우리는 보통 노력해서 얻은 결과가 본래 원했던 결과와 다르지 않다는 것을 알 수 있다. 자신이 이끈 방향으로 결과가 나타나는 것이다. 하지만 그렇게 해서는 다른 이와 다른 답안을 작성할 수 없다. 즉, 아무런 조치를 취하지 않으면 동일한 결과가 발생할 수밖에는 없다는 것이다. 남이 모두 원하는 것이 아닌 오직 자신이 원하는 논증 포인트를 잡기 위해서는 다음과 같은 문제 해결 능력이 필요하다.

- 어디에 문제가 있는가?

- 왜 문제가 있는가?

- 문제에 대해 어떤 해결방안을 제시할 수 있는가?

- 그 해결방안에는 어떤 문제점이 있는가?

- 대안은 있는가?

이렇게 문제를 분석하는 것을 '순차적 방식'이라고 부른다. 즉, 문제를 정의하고 현상을 파악하며 결과적으로는 그에 맞는 대안을 제시하는 순서에 따라 자신만의 논증 포인트를 찾는 것이다. 이는 모든 논술시험의 구성 방식 및 순서와 일치한다.

앞에 제시한 17개의 문제를 예로 들어 논증의 실마리를 간단하게 잡아보자.

"강의 실력이 좋지만 부패한 선생님과 강의 실력이 형편 없지만 청렴한 선생님 중 어느 편이 좋은가?"

　물론 가장 이상적인 선생님은 강의 실력도 좋고, 청렴하기도 해야 할 것이다. 하지만 일단 이렇게 문제가 주어졌으니 문제에 따른 자신만의 답을 생각해 내야 한다.

　문제를 해결하기 위해 일단 선생님에 대한 정의를 내려보자. 선생님은 학생에게 지식을 전달하는 사람이다. 그것이 어떤 기준보다 먼저 생각되어야 할 것이다. 그렇게 보자면 강의 실력이 좋지만 부패한 선생님이 선호되어야 한다. 하지만 조금만 생각을 뒤집어 보면 이른바 촌지를 받은 선생님이 공평하게 지식을 전달할 수 있느냐에 대한 문제를 이끌어 낼 수 있다. 뇌물을 받으면 그에 따른 응분의 대가를 그 대상에게 치러야 하기 때문에 자연히 공평함을 잃게 된다. 그러다 보면 강의 실력에 대한 평가도 저하될 수 있다는 실마리를 잡을 수 있다.

　하지만 문제는 여기에서 끝나지 않는다. 다른 쪽으로도 생각할 수 있다. 강의 실력이 좋다고 소문이 났던 선생님이 나이가 들어 정년 퇴임을 했는데 수년 후에 그의 비리가 밝혀지고 촌지를 정기적으로 받았다는 사실이 드러났다고 가정해 보자. 이것은 어떻게 생각해야 하는가?

　선생님에게 가장 중요한 것은 학생들에게 올바른 지식을 가장 효율적으로 전달하는 것이다. 촌지를 받았음에도 불구하고 강의 실력이 뛰어나다는 평가를 받은 선생님을 우리는 어떻게 생각해야 하는가?

　처음에는 말도 안 되는 질문으로 시작한 것 같지만 생각에 생각을 더하면 문제의 의미는 처음과 달라진다. 이처럼 논증을 찾는 해결방안인

‘문제가 어디에 있는가?’ 와 ‘왜 문제가 있는가?’ 를 가지고 우리는 다양
한 측면에서 문제를 분석하고 자신만의 의견을 추출해 낼 수 있다.

쓰레기도 재활용하라

미국의 한 음료회사에서는 특정 지역을 개척하기 위해 대학교수에게 시장분석을 의뢰했다.

1년 후 교수는 사장에게 쓰레기 더미를 보여 주었다. 쓰레기가 된 원래 제품의 종류며 이름, 무게, 수량, 포장 등을 일목요연하게 정리한 것이다.

"쓰레기에는 거짓이 없습니다. '어떤' 사람이 다녀가면 '어떤' 쓰레기가 남습니다. 따라서 쓰레기를 살펴 분석해 보는 것이 가장 효과적인 생산·판매 연구방법입니다."

그는 쓰레기에 대한 연구를 통해 계층별 식품 소비에 대한 정보를 얻고 이 정보를 회사에 제공했다. 그의 분석결과는 다음과 같았다.

1. 블루칼라 계층이 화이트칼라 계층보다 수입 맥주를 더 많이 마신다.
2. 중산층 사람들의 소비량이 가장 많다. 그들은 부부가 함께 출근을 하기 때문에 늘 시간에 쫓겨서 남은 음식물들을 쉽게 버린다. 그들이 버린 음식물 중에는 먹을 수 있는 것은 대략 15% 정도이다.
3. 다이어트 음료와 주스류의 주요 소비 계층은 상류층이다.

이 회사는 이 분석결과를 근거로 하여 음료의 생산 · 판매 전략을 세웠고, 많은 이익을 창출할 수 있었다.

아무도 거들떠 보지 않았던 쓰레기를 분석하여 그 지역의 소비 트렌드를 파악할 수 있다는 말은 시사하는 바가 크다. 쓰레기는 길거리에 널린 것만이 아니다. 그 대상이 물건이든 사람이든 보통 쓸데 없는 것들을 부를 때 우리는 쓰레기라 부른다. 인터넷 시대가 양산하는 쓰레기 정보도 많다. 하지만 그 정보를 접하는 사람의 생각의 차이에 따라 그 정보는 유익할 수도 있고 무익할 수도 있다.

사물을 어떻게 바라보느냐의 차이가 대상을 쓰레기로 만들 수도 있고 가치 있는 보물로 만들 수도 있다. 그러므로 주변 사물에 대해 그냥 지나치지 말고 항상 생각에 생각을 더하는 습관을 들여야 할 것이다.

part III

논술을 길들이는 생활습관

삼각형 사고를 활용하라
나무처럼 로직을 짜라
논리의 순서를 정하라
실행을 위한 로드 맵을 만들어라
액션
보이지 않던 세계가 열린다

1 삼각형 사고를
활용하라

■■■ 독서는 결코 취미가 될 수 없다

앞에서 그저 책을 많이 읽는 것만이 최선이 아니라고 말했었다. 하지만 창의적인 사고력을 기른 후라면 책을 많이 읽고 배경지식을 쌓는 것은 반드시 해야 할 일이다. 특히 논술문을 작성할 때 자신의 의견을 뒷받침 할 객관적인 자료로 사용할 수 있으므로 배경지식의 기반이 될 만한 책들은 충분히 읽어둬야 한다.

배경지식은 저절로 생기는 게 아니다. 알아야 새로운 생각도 나오고 어떤 것을 논증도 할 수 있는 것이다. 더구나 대학 입학시험에서의 논술의 쟁점은 일정한 이론을 바탕으로 하고 있는 것들이다. 그것도 인간에게 아주 중요한 문제여서 오랜 세월 동안 수많은 석학과 현인들이 일생동안 탐구한 이론을 바탕으로 한다.

따라서 이에 대한 이해 없이 그 짧은 시간 동안에 자신의 생각만으로 제대로 된 답을 작성한다는 것은 불가능하다. 재료도 없이 집을 지을 수 없고 형상을 모르고 탑을 쌓을 수는 없는 법이다. 배경지식은 사고의 재료요, 표본이니 쌓아 둘수록 좋다.

배경지식의 근간이 되는 독서는 취미가 아닌 습관이어야 한다. 취미란 자신의 즐거움을 위해서 하는 행동을 말한다. 그런 의미에서 보면 대부분의 여가활동이 취미의 영역에 속할 것이다. 하지만 습관이란 몸에 밴 버릇이다. 취미와 습관의 가장 중요한 차이는 취미는 스스로가 자신의 즐거움을 위해서 '하는' 행위이고 습관이란 자신도 모르는 사이에 '하게 되는' 행위라는 점이다.

그런데 배경지식과 관련하여 유념해야 할 것이 있다. 누차 말하지만, 논술시험에서 배경지식은 말 그대로 문제를 해결할 '배경'이지 지식 그 자체가 문제의 대상은 아니다. 따라서 논술을 잘 하기 위해서는 기본적으로 배경지식을 갖추고 있어야 하지만 궁극적으로는 그 배경지식을 활용할 수 있는 사고력이 필요하다. 또 배경지식은 경계가 없을 만큼 광범위한 영역이지만 공부할 수 없는 것도 아니다. 되도록 많이 또 깊이 알수록 좋겠지만 대입 논술을 위해서라면 주제별로 10개 정도 기본적인 것만 이해하고 있으면 된다. 때문에 배경지식에 지나치게 집착하거나 두려움을 가질 필요는 없다.

강의를 하다 보면 학생들은 자주 배경지식에 대한 질문을 한다.

"배경지식을 얻기 위해서는 신문을 매일 읽고, 각종 서적들을 다 읽어야 한다는데 이것 말고 더 좋은 방법은 없을까요? 학교에서 읽으라고 하는 책들은 너무 많아서 도저히 다 읽을 수가 없어요."

배경지식을 얻기 위해서 신문을 일일이 탐독하고, 많은 책을 읽는 것이 물론 가장 좋은 방법이다. 하지만 주변에서 일어나는 모든 사건들과 쉴새없이 발간되는 모든 책과 자료들을 전부 보고 이해할 수는 없다. 다수의 전문가들이 논술을 잘 하려면 많은 책을 보고 신문도 매일매일 읽어야 한다지만 그건 불성실한 답변일 뿐만 아니라 다른 특별한 방법이 없다는 것을 스스로 인정하는 것이다.

우리는 많은 책과 신문도 읽어야 하지만 사실 이것 말고도 할 일이 많다. 그렇다면 적은 시간 동안 많은 성과를 얻기 위해서는 어떻게 해야 할까?

■■■■ 논리의 삼각형 구조를 익혀라

우리는 매일매일 다양한 유형의 문제에 부딪히고, 이것을 해결하는 과정에서 또한 다양한 형태의 의사소통을 경험한다. 생활을 하다 보면 복잡한 문제 해결과 의사소통을 요구하는 상황이 빈번히 발생한다. 이런 상황에 슬기롭게 대처하기 위해서는 주어진 상황을 냉철하게 분석하고 필요한 자료들을 가장 이해하기 쉬운 방법으로 머릿속에 담아 정리한 뒤, 자신의 의견을 명확하면서도 이해하기 쉽게 전달하는 기술이 필요하다.

오래된 정보이지만 우리의 두뇌는 일정한 규칙에 따라 자동으로 정보를 정리하는데, 가장 관련있는 사물을 먼저 그룹으로 묶어서 인식한다. 즉 정보를 인식할 때 일정한 논리적 유형을 부여하여 정리한다는 것이다. 대표적인 예로 그리스인들은 별 하나하나의 모양이나 밝기보다는 여러 개의 별들이 늘어선 모양을 사람과 동물의 형상에 적용하여 별자리로 정했다고 한다.

또한 두뇌는 '공통적인 성격'을 지니고 있다. 예를 들면 동일한 특성을 가지고 있거나 동일한 장소에 있는 것에 해당하는 일련의 대상을 그룹으로 묶어서 인식하는 것이다. 때문에 두뇌는 어떤 사물이든 논리적 구조를 가진 집단의 단위로 간주한다.

사람의 생각을 귀로 듣거나, 글로 읽어서 받아들일 때도 이러한 관련성을 찾는 작업이 머릿속에서 이루어져야 한다. 즉 함께 표현된 생각을 각각의 집단으로 인식하여 논리적 유형을 부여한다. 이때 그 유형은 항상 삼각형 구조를 취해야 한다. 사람이 한 번에 받아들일 수 있는 정보는 많지 않기 때문에 삼각형 구조를 취하면 가장 논리적으로 안정된 상태를 유지할 수 있다. 예를 들어 부모님의 심부름으로 동네 시장에 갈 일이 생겼다고 가정해 보자.

부모님은 당신에게 다음과 같이 말한다.

"내일 아침에 먹을 우유랑 요구르트 좀 사오겠니? 참, 계란도 다 떨어졌고, 양파도 필요한데…"

옷을 입고 현관문을 열 찰나에 부모님이 또다시 말한다.

"오렌지랑 치즈도 좀 사오렴."

현관문을 빠져 나와 시장으로 가는 길에도 부모님이 창문을 열고 소리
친다.

"사과랑 당근도 사 오고!"

이럴 때 머릿속은 복잡해지기 마련이다. 당신은 부모님이 말한 8가지
물건 중에 몇 개나 기억하고 사올 수 있을까? 인간은 짧은 시간에 7개 이
상의 항목을 기억할 수 없다고 한다. 물론 사람에 따라 8개를 기억할 수
도 있고, 필자처럼 5개 밖에 기억하지 못할 수도 있을 것이다. 많은 것을
기억하면 좋겠지만 일반적으로 우리가 기억할 수 있는 항목은 3개라고
한다. 하지만 3개를 기억하는 것보다 1개를 기억하기가 훨씬 수월할 것
이다. 위의 경우 부모님이 사오라고 말한 물건들을 제품에 따라 분류하
여 새롭게 기억할 수 있을 것이다.

먼저 아래의 물품 목록을 읽고 다시 기억해 보자. 눈을 감고 하나하나
떠올려 보면 어렵지 않게 모든 항목을 기억할 수 있을 것이다.

우유	요구르트
계란	사과
당근	오렌지
치즈	양파

기억하는 과정을 그림으로 그려 보면, 8개의 물건을 논리적으로 분류
하여 3개의 삼각형 구조를 만들 수 있다.

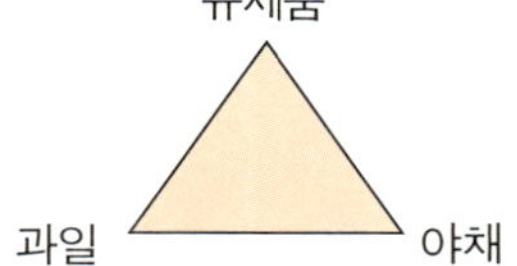

유제품	우유, 요구르트, 치즈, 계란
과일	사과, 오렌지
야채	양파, 당근

　이는 곧 8개의 물건이 3개의 그룹으로 묶였다는 것과 외워야 할 것이 3개로 줄어들었다는 것을 의미한다. 사고하고, 기억하고, 논리를 키우는 과정은 이러한 그루핑(Grouping)과 요약의 사고과정을 수반한다.

　논리는 두뇌의 무언가를 쉽게 전달하는 행위이다. 그러므로 논리를 전달할 때에는 자신이 전달하고자 하는 내용을 현재 자신이 처해 있는 상황에 맞게 그루핑하여 전달하는 것이 필요하다. 이것이 바로 위에서 아래로 생각을 정리하는 삼각형 논리방식이다.

　삼각형 사고를 실현시키기 위해서는 '책임지고 구체적인 결론을 내리는 능력', '과거부터 지금까지의 과정을 논리적인 구조로 통찰하는 능력' 이 두 가지 기술을 익혀야 한다. 하지만 대부분의 사람들은 한 가지 기술도 가지고 있지 못하다. 하지만 의식적으로 이런 방법을 터득하기 위해 노력하기도 힘들다. 이런 능력은 환자의 생명을 관리하고 있는 의사들에게서 주로 찾아 볼 수 있다. 의사의 머릿속에는, 환자를 진찰하는 순간 병의 상태를 순간적으로 파악하고, 수술할 경우에는 그 이후에 나타날 수 있는 증상과 부작용 또한 파악하고, 그에 필요한 조치를 신속하게 실행할 수 있는 프로세스가 움직이고 있다. 가끔 오진한 경우 환자의 목숨을 위험에 빠뜨리기도 하지만 삼각형 사고는 오진처럼 발생할 수 있는 논리적 실수의 가능성을 최소한으로 줄어들게 한다.

■■■■ 한 장으로 요약할 수 있는 '필터'를 만들어라

논술에서는 자신만의 생각으로 문제를 해결하는 창의력이 중요하다. 또한 논리적인 방식의 문제 해결을 필요도 한다. 논리적이어야 한다는 것은 자신의 생각이나 주장이 타당한 근거를 가지고 있어야 한다는 것이다. 누구나 공감할 수 있는 근거를 제시한 글이라야 설득력을 얻을 수 있다. 한정된 분량의 글에서 참신한 생각을 정리하고 근거를 제시하는 것은 쉽지 않다.

신문사에서 문장을 쓰는 원칙은 셋이다.

첫째, 짧게 쓴다.
둘째, 더 짧게 쓴다.
셋째, 가장 짧게 쓴다.

그만큼 간결하고 명료한 문장쓰기는 중요하다. 명문이란 어렵고 긴 문장을 말하는 것이 아니라 자신이 전달하고자 하는 내용을 쉽고, 간결하고, 명료하게 드러내는 문장을 말한다. 즉 한 눈에 그 의미가 확연히 드러나는 문장을 의미한다. 정확하고 투명한 문장이야말로 곧 명문인 것이다.

논술문을 작성할 지면은 한정되어 있다. 논술고사에는 자수(字數)의 제한이 있다. 대체로 800자~2,500자 정도를 요구하는데 이는 200자 원고지 4~13장 정도의 분량이다. 정해진 분량에서 10% 정도 모자라는 경우는 감점이 되지 않지만 '1,000자 이내'라는 조건이 주어졌다면 980자

이상은 쓰는 것이 좋다. 자수가 초과되는 경우는 부족한 경우보다 엄격하여 감점이 되는 것이 대부분이다. 자수는 절대로 초과하지 않도록 주의해야 한다.

이러한 논술고사의 조건 때문에라도 논술문의 문장은 짧게 써야 한다. 아무리 훌륭한 내용이 담긴 문장일지라도 평가자가 마지막까지 읽을 수 없다면 쓴 의미가 없다. 일률적으로 긴 문장은 안 된다고 단정할 수는 없지만, 문장은 될 수 있는 한 짧게 쓰는 것이 좋다.

짧은 문장은 한 문장에 한 가지 내용만을 담고 있는 것이다. 아무리 좋은 글이라도 그 글이 말하고자 하는 내용이 여러 문장에 걸쳐 중구난방으로 뒤섞여 있으면 상대방에게 제대로 전달될 리 없다.

또한 문장을 끝맺지 않고 길게 쓰면 아무래도 문장 성분간의 호응도 맞지 않고 문맥도 이상해진다. 그렇다고 너무 짧게 쓴다고 항상 좋은 것만은 아니다. 연결어의 사용 없이 너무 짧게 끊어 쓰면 비문이 될 수 있다.

일반적인 문장의 표현은 '~할 것이다.' 등의 개연적 표현을 적게 사용하고 '~한다. ~된다.' 와 같은 단언적, 단정적 표현으로 자기 견해를 드러나게 해야 한다. 그리고 조사든 단어든 한 문장에 두 번 이상 반복되면 그 문장은 논지가 흐려지기 마련이다. 또 한자를 쓰는 것은 좋으나 틀리게 쓰는 것보다는 차라리 한글로 그냥 쓰는 것이 낫다.

한 장으로 자신의 의견을 요약하기 위해선 그에 걸맞는 필터가 필요하다. 예를 들어 어떤 글에서 자신이 필요로 하는 요약정보를 만들어 낸다고 하자. 이때에는 문맥에 있는 정보가치를 가려내는 감각이 요구된다.

그 정보의 가치는 정보 제공자나 책의 저자가 아니라 자기 자신의 관점으로 결정해야 한다. 즉 아무리 긴 평론이라 할지라도 정보가치가 있는 것이 아니라고 판단되면 요약 후의 정보는 하나의 문장이나 단락에 그치는 경우도 있을 수 있다. 이처럼 요약에서는 정보를 거르는 자기 나름의 필터가 필요하다. 자신의 흥미, 지식, 상상력, 연상 등의 필터를 통해 정보를 섭취하는 것이 중요한 것이다.

가령 매일 보는 지하철의 광고판에서 '인기 절정 연예인 결혼'이라는 선정적인 제목이 눈에 들어와 그 잡지를 구입했다고 하자. 이러한 기사에서 볼 수 있는 흔한 패턴은 본격적으로 '결혼 소식'을 거론하기까지 서두가 상당히 길며 가장 흥미로운 부분에 도달하기까지 독자를 붙잡아 두려 한다는 것이다. 해당 주간지의 취재활동을 이미 알고 있고, 주제에 대해 관심을 가지고 있었다면 일단 알고 싶은 내용과 그것의 신빙성에 중점을 두어야 한다. 이때에는 기사의 결론에 해당되는 정보만 알 수 있으면 그것으로 족하다. 이처럼 문제에 대한 관심이나 사전지식 등 나름의 필터가 있다면 새로운 사실과 그것의 신빙성을 뒷받침할 근거만 파악하면 된다.

요약정보를 축적하는 것이 목적이라면 기사 전체의 내용을 파악할 필요 없이 자신에게 필요한 최소한의 정보만 얻는다. 페이지 전체를 눈으로 훑어보고, 관련된 내용이 들어있을 만한 소제목의 본문 중에서 '그 리스트의 내용은…'이라는 문장을 찾은 다음, 그 뒷부분을 면밀히 읽어보면 된다. 그 이상의 시간을 투입할 필요는 없다.

그럼 요약의 기술을 강화하기 위해 요약문을 작성해 보자. 여기서 말하는 요약문은 어디까지나 요약의 기술을 강화하기 위한 것이다. 요약 메모를 쓰는 법은 다음과 같다.

1. 우선 요약해서 써야 할 내용을 항목별로 기술한다(각 항목은 50자 이내가 좋다. 그 이상이 되면 요약정보로서 머리에 남지 않는다).
2. 항목은 10개 이하로 한다. 너무 많은 항목은 오히려 머리에 혼란을 주기 때문에 내용상의 연계성을 파괴시킬 수 있다.
3. 써 놓은 항목들의 인과관계, 상호관계에 의해 전체 문맥이 보여야 한다.

어떤 내용이 쓰였는지 처음에는 핵심을 간략하게 정리하는 것으로 충분하다. 이러한 글쓰기에 익숙해지면 끝 부분에 자신의 의견을 한마디 덧붙인다. '이 설명은 설득력이 있다.', '수치에 입각한 근거가 부족하다.' 등 정보가치에 대한 논평을 한마디 덧붙인다. 요약문 쓰기는 요약하는 사고습관을 갖는 데 큰 도움이 된다.

2 나무처럼 로직을 짜라

■■■ 컨셉은 논리와 언어를 연결한다

컨셉은 상대적인 개념이다. 말하자면 타인과 비교하여 특징이 뚜렷한 것을 컨셉이 강하다고 말할 수 있다. 컨셉의 차이는 생각보다 대단한 것이다. 예를 들어 미국인은 일본, 중국, 한국인을 구별하지 못한다. 그래서 할리우드 영화에서는 기모노를 입은 일본인이 중국요리를 배달하거나 중국인이 김치를 먹는 장면을 심심찮게 볼 수 있다. 우리 역시 콩고인과 케냐인을 명확히 구별하지 못한다.

이때 자신과 상대방의 차이를 확실하게 보여주는 것이 바로 컨셉이다. 모두가 비슷한 논술을 작성한다면 모두가 비슷한 점수를 받을 것이다. 하지만 그 중 자신만의 컨셉이 있는 답안지는 남과 다른 점수를 받을 수 있을 것이다.

만약 논술 답안지를 다 작성한 당신에게 시험관이 이렇게 묻는다면 어떻게 대답할 것인가?

"자네는 그동안 논술 공부를 어떻게 했나?"
"그냥 매일매일 열심히 했습니다."

이런 대답에서는 시험관이 설득될 만한 근거를 찾아볼 수 없다. 차별성이나 우위성도 없다. 그저 열심히 했다는 근면성으로는 안 된다. 열심히 하지 않는 수험생은 없기 때문이다. 반드시 차별성과 우위성을 가지고 있어야 한다.

컨셉에 강한 사람은 언제나 자신이 아닌 다른 것을 바라본다. 또 중심축에 자신을 둔다. 자신을 둘러싼 온 사방을 바라보는 것이다. 중심축이 자신이 아닌 사람은 컨셉에 강한 사람이 아니다. 미사여구만 모아 놓고 그것이 컨셉이라고 생각하는 사람도 마찬가지이다. 컨셉에 강한 사람은 문제의 본질과 세상을 바라보는 자신만의 눈을 가지고 있다.

하나의 줄기가 뿌리와 가지를 연결해 주듯이 하나의 컨셉이 창의력과 논리를 연결해 준다. 논술 문제에 대한 자신의 생각이 나무의 뿌리처럼 복잡하다면 그 중 단 하나의 컨셉만을 선택하여야 한다. 여러 가지 컨셉을 문장에 넣게 되면 글 전체에 혼란을 줄 수 있기 때문이다. 그리고 하나의 줄기로 빨아올려서 나뭇가지로 전개해야 한다. 여러 가지에서 생성된 영양분은 다시 하나의 컨셉으로 모아져야 하며 동시에 논리적으로 전달되어야 한다.

■■■ 하나의 컨셉을 전개하라

'컨셉' 즉 주제가 결정되면 절반은 쓴 것과 다름 없다. 문장에는 중심이 되는 기둥 곧 주제가 필요하다. 주제를 확실하게 정한 다음에 쓰지 않으면 얼마 쓰지 않아 이러지도 저러지도 못하여 쩔쩔매게 된다. 간신히 주어진 지면을 채웠다 해도 전체적으로는 무엇을 전달하려고 한 것인지 전혀 알 수 없는 글이 되어 버린다. 자신이 쏜 화살이 어디로 날아갈지 가늠하지 못하는 처지에 이르게 된다는 것이다. '한참 글을 쓰다 보니 처음 생각했던 방향이 아니라 삼천포로 빠져 있다.'라고 한다면 컨셉 정하기에 전력을 다 하라. 목표가 정해지면 구체적인 전략은 훨씬 수월하게 세울 수 있다.

컨셉이 하나로 정해지지 않으면 애써 작성한 논술문이 내용 없는 공허한 글로 전락할 가능성이 있다. 또 읽고자 하는 욕구를 자극하지 못한다. 무엇보다 가장 큰 문제는 논술문을 작성한 학생이 전달하고자 하는 내용을 시험관이 이해하지 못한다는 것이다.

사실 내용이 없는 공허한 주장을 피해야 하는 가장 큰 이유는 글을 쓴 사람의 불완전한 생각이 노출되기 때문이다. 시험관이 논술문을 검토하는 시간은 길지 않다. 논술문은 시험관에게 한 눈에 들어와야 한다. 그렇지 않으면 좋은 점수를 기대하기 힘들다. 또한 처음부터 컨셉을 정하지 않으면 보다 창의적이고 논리적인 글을 쓰기가 힘들다. 한마디로 자신의 실력을 완전히 발휘할 수 없게 된다는 것이다.

이를 방지하기 위해서는 컨셉을 하나로 정하고 주제문이나 컨셉이 될 만한 단어를 구체적으로 정하는 것이 좋다. 예를 들어 이런 문장이 있다고 생각해 보자.

"학생이 지역 사회의 일원으로서 역할을 자각함으로써 지역의식을 계발해야 한다."

위의 문장은 무엇을 하라고 말하는 것인가? 어떻게 하면 그것을 실행했는지 확인할 수 있나? 지역의식을 계발한 사람과 그렇게 하지 못한 사람을 구분할 수 있을까? 만일 구분할 수 없다면 저 글을 쓴 사람의 뜻을 이해하지 못했다는 것이므로 위의 내용에 대한 글은 더 이상 창의적이고 논리적으로 쓸 수 없게 된다. 다시 말해서, '어떻게?' 라는 말에 대답할 수 없게 된다. 결론적으로 이 문장은 전혀 논리적인 가치가 없다는 것이다.

글을 쓰는 목적을 명확히 해야 주제가 확고해진다. 우리가 글을 쓰는 목적은 크게 세 가지로 나눌 수 있다. 첫 번째 알려주기 위해서, 두 번째 설득하기 위해서, 세 번째 감동을 주기 위해서이다. 목적을 명확히 하는 것은 여행을 할 때 어디에 갈 것인지 그 방향을 정하는 것과 똑같다. 우리가 논술문을 쓰는 목적은 자신의 창의적인 생각을 논리와 연결하여 하나의 의견을 주장하는 것이다.

■■■■ 로직트리를 전개하라

관계와 패턴을 파악하여 익숙하지 않은 것들끼리 통합시키고 연결시키는 능력이야말로 창의력의 핵심이다. 이에 마인드 맵은 생각과 생각을 연결하여 논리를 만들어 내는 훌륭한 방법이다. 창의력을 일정한 형식으로 정립한 뒤 자신의 것으로 만들기 위하여 이 방법을 이용할 수 있다. 하지만 일시적인 것이 아닌 규칙적인 연습을 해야한다.

마인드 매핑을 이용해 보자. 우선 우리가 그동안 아이디어를 떠올리고 조직화하기 위해서 배웠던 것이 무엇인가를 먼저 생각해 본다. 바로 컨셉을 정하는 것이다. 하지만 어떻게 논리를 이끌어 나갈지 주제를 잡고 이와 같은 방식으로 아이디어를 떠올리려고 한다면 그 때문에 생각의 속도가 늦어지고 생각의 자유가 속박 당하게 된다는 것을 알게 될 것이다. 아이디어가 나오기도 전에 정리한다는 것은 그 자체가 비논리적인 일이다.

마인드 매핑은 아이디어를 섣불리 정리해야 하는 강박관념으로부터 벗어나게 해 준다. 성급한 정리는 아이디어가 터져 나오는 것도 막는다. 마인드 매핑은 아이디어의 분출과 조직화의 균형을 이룰 수 있는 힘을 주는 한편 넓은 범위에서 정신을 표현할 수 있게 격려해 준다.

예를 들어 당신이 마지막으로 읽은 책의 주제로 독후감을 쓴다고 상상하자. 그때의 정보를 다시 떠올릴 때 정신이 움직이는 과정을 주의 깊게 관찰해 보자.

독후감은 큰 문단 단위로 움직이고 있는가? 혹은 마음의 눈에 대략의 내용이 정리되어 나타나는가? 그렇지 않을 것이다. 여러 가지 인상, 주요 어휘, 이미지들이 서로 연결되면서 마음속에 떠다닐 것이다. 이 자연스런 생각의 과정을 종이 위에서 계속 써 나가는 방법이 마인드 매핑이다.

마인드 매핑은 나무나 식물의 구조를 살펴보면 쉽게 이해할 수 있다. 굵은 나무의 줄기 아래에는 생명의 조직망이라 할 수 있는 뿌리가 길게 늘어져 있다. 헬기를 타고 도시의 상공을 날아보면 아래로 보이는 도시는 여러 가지 도로로 어지럽지만 효율적으로 이루어져 있는 것을 알 수 있다. 세상의 모든 이치도 이처럼 연결된 네트워크를 가지고 있다.

식사를 시작하기 전에 잠시 동작을 멈추고 현재 순간을 인식해 보라고 권유하고 싶다. 이 연습은 음식의 맛에 대한 경험을 훨씬 더 높여 주고, 한편으로는 연결관계의 원칙을 익힐 기회를 준다. 음식을 씹기 전에 이제 앞으로 즐길 식사의 원천을 따져보자.

예를 들어 어젯밤 나는 친구 한 명과 저녁 식사를 했다. 양파, 계란, 당근, 햄, 치즈를 넣은 볶음밥에 아삭아삭 씹히는 양상추와 신선한 토마토, 파슬리로 만든 샐러드를 곁들였다. 거기에 후식으로 딸기맛 아이스크림과 마늘 바게트 한 조각을 먹었다. 이 평범한 저녁 식사에 특별함을 부여하고 싶어 향이 좋은 와인 두어 잔을 곁들였는데, 그 와인은 칠레에서 10년 전에 만들어진 것이었다.

위의 마인드 맵은 저녁 식사의 원천에 대한 우리의 생각을 보여준다.

사물의 원천에 대해 생각하는 것은 연결관계를 따지는 좋은 방법이다.

현대의 르네상스 천재인 벅민스터 풀러(미국의 과학자이자 건축가이며 철학가)는 즉석 강연으로 청중을 매혹시키는 걸로 유명하다. 그는 강의 준비를 하지 않고 청중에게 어떤 것이라도 좋으니 주제를 제안하라고 한다. 대개의 경우는 이렇다. 어느 대학생이 풀러에게 스티로폼 컵에 대해 연설해 달라고 요청하면 풀러는 그 후 두 시간 동안 컵의 원천에 대해 설명해서 청중을 사로잡는 것이다. 그는 스티로폼의 발명을 이끌어 낸 화학 기술의 진보, 스티로폼 제조와 관련된 사회 경제적 역량, 문화에 미치는 영향 등에 대해 이야기한다. 여러 가지 주제 중 어떤 것이든 골라 그 탄생과 연관된 모든 요소를 생각해 보자.

우리는 무한한 상상력과 창의력을 가지고 있다. 결국 우리에게 필요한 것은 그 잠재력을 끄집어 내는 일일 것이다.

3 논리의 순서를 정하라

■■■■ 연역법과 귀납법을 활용하라

글을 논리적으로 연결하는 방법에는 연역적인 방법과 귀납적인 방법 두 가지가 있다. 따라서 자신이 가지고 있는 생각을 글로 명확하게 표현하기 위해서는 이 두 가지 논증법에 대한 차이점과 규칙을 알아야 한다.

연역법과 귀납법의 차이를 간단하게 말하자면 다음의 그림과 같다. 연역법은 하나의 논리 라인을 따라 전달되고, 마지막에 '그러므로'로 결론을 맺는다. 상위 부분은 논리과정의 내용을 요약하고 하위에 있는 최종 과정에 크게 의존한다. 반면에 귀납법은 동일한 종류의 사실이나 생각을 하나의 단위로 묶어서 단위 내의 사실이나 생각의 유사성에 대해 의견을 기술한다. 연역법의 각 포인트는 서로 관련되어 있는 반면에, 귀납법의 각 포인트는 서로 무관하다.

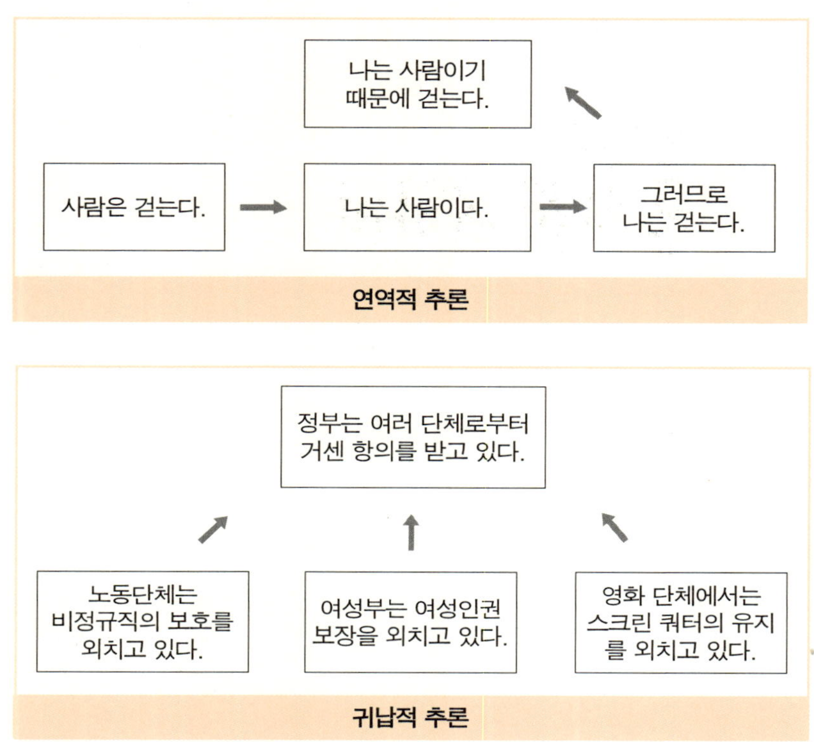

핵심단계에서는 귀납법을 사용하여 논리를 전개해 나가는 것이 좋다. 그래서 논술문에서는 창의력을 요하는 귀납법이 더욱 중요한 역할을 한다. 귀납법 추론은 여러 가지 상이한 생각, 사건, 사실 사이의 유사점을 파악하여 하나의 그룹으로 묶은 다음, 그 의미에 대해 의견을 기술하는 방식이다. 따라서 귀납적 추론에서 창조적으로 생각하는 힘을 기르기 위해서는 그루핑한 생각을 정의하는 기술과 그루핑한 생각 가운데 적절하지 않은 것을 선별하는 기술 이 두 가지를 습득해야 한다.

결론적으로 연역법에서는 일반적인 원리에서 구체적인 사실이나 명제를 이끌어 내고 귀납법에서는 사실에서 일반적인 명제나 법칙을 이끌어 내야 한다.

논리적 순서를 정하라

앞서 말한 연역적 추론과 귀납적 추론 중에서 연역적 추론은 논리 전개의 순서에 따라 글이 구성되기 때문에 논리적 순서를 찾는 일에 거의 문제가 생기지 않는다. 하지만 귀납적 추론은 창의적인 면을 발휘할 수 있다는 장점은 있으나 논리 전개를 글쓴이 스스로 결정해야 하므로 그 순서를 정한 뒤 자신의 생각을 정립하는 방법을 알아야 한다.

이를 위해 첫 번째 해야 할 일은 결과의 원인을 결정하는 것이다. 예를 들어 '21세기의 경영 트렌드는 생산자에서 소비자로 권력이 이동될 것이다.'라는 결과를 만들었다고 생각하자. 이 경우 글쓴이는 어떤 원인으로 그런 결과가 나올 수 있었는지 그 원인에 대해 기술해야 한다. 즉, 다음의 그림과 같이 일련의 원인이 연대하여 특정한 결과를 만들었다는 것을 일목요연하게 써야 한다는 것이다.

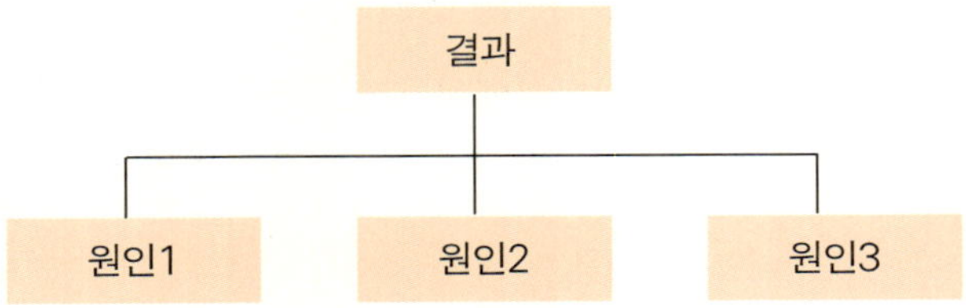

두 번째는 전체를 일정한 기준 아래 세분화하는 것이다. 이 경우에 해당 기업의 구조를 구체적이고 시각적으로 나타낸 후 각 부서별로 어떠한 이유로 소비자로의 권력이동이 일어났는지 파악하는 것이다. 이때 서로 중복된 것이나 누락된 것이 있으면 논리적인 순서에 맞지 않게 되므로 주의하여야 한다.

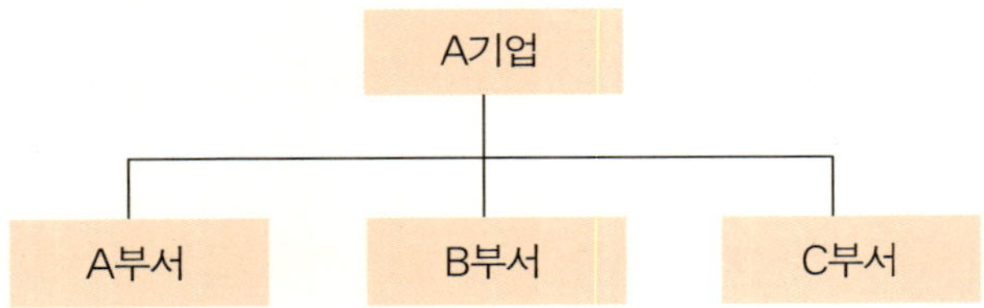

위의 두 가지 방법을 이용하여 명확한 논리 전개의 순서를 찾을 수 있을 것이다. 만약 명확한 논리 전개의 순서를 찾지 못했다면 결과의 원인을 결정하는 문제나 세분화 하는 과정에서 문제가 있다는 것을 의미한다. 그럴 때는 처음으로 되돌아 가서 자신의 생각을 점검하며 오류를 찾아내야 한다.

■■■ 이미지를 말로 옮겨라

이제 자신이 전달하고자 하는 문제에 대한 논술문을 쓸 준비를 마쳤을 것이다. 지금까지 가지고 있는 논리적인 생각들을 일정한 순서에 맞추어 써야 한다. 이론적으로 보면 이 작업은 수월하게 진행할 수 있다. 그러나 안타깝게도 언제나 그렇게 되는 것은 아니다. 보통 논술문을 쓰다 보면 간결하고 유려한 문체보다는 장황하고 의미가 없는 말로 가득 차게 되는 경우를 자주 보게 된다. 그러면 글의 전체적인 분위기가 지루하고 무엇을 주장하는지 명확하게 짚어내기가 힘들어진다. 아래의 글을 살펴보자.

우리의 이성이 우리 밖의 사물에 관한 지식을 얻을 수 있는 유일한 통로는 감각이며 감각재료 없이는 결코 실질적 내용을 가진 지식을 얻을 수 없다. 하지만 감각재료들은 잡다한 것으로 정리·정돈될 때 하나의 사물이 인식될 수 있다. 이러한 정돈의 틀은 감각재료에 있지 않다. 이 틀은 우리 인식능력이 스스로 마련한 선험적(a priori)인 것이다. 이 틀에는 두 종류가 있다. 첫째가 감성의 형식인 시·공간 표상이고 둘째는 지성의 형식인 순수한 지성 개념이다.

이 글을 쓴 사람은 뛰어난 문제 해결 능력을 가지고 있으며 다분히 논리적인 사람이라는 것을 알 수 있다. 그리고 자신의 생각을 누군가에게 전할 때 시간만 주어진다면 완벽하게 이해되도록 설명할 수 있는 능력 또한 가지고 있다. 하지만 문제는 무엇인가? 그들은 자신의 생각을 글로 표현할 때 전문용어를 자주 쓰고 건조한 문체로 글을 작성했다는 것이다. 이렇게 해야 보다 설득력 있고 권위 있는 글이 될 수 있다는 생각을 가지고 있다. 이것은 논술문을 쓸 때 절대 피해야 할 생각 중 하나이다.

물론 전문분야에 있는 사람들이 자신의 의견을 주장할 때 전문용어를 사용해야 함은 당연한 일이다. 하지만 그렇지 않은 학생들까지 이렇게 난해하고 건조한 문장을 쓰는 것은 좋은 현상이 아니다.

글쓴이는 자신의 생각을 명확하고 간결하게 전달해야 한다. 난해한 문장을 쓰다 보면 가끔은 글을 쓰다가도 혼란에 빠질 수 있다. 또 이것이 습관처럼 굳어지면 여간 해서는 고치기 힘들다. 이때 도움을 줄 수 있는 것이 이미지이다.

개념적인 것을 논리적인 글로 표현할 때는 항상 말이 아닌 이미지를 사용하는 것이 효율적이다. 우리는 추억을 회상할 때 과거의 대화와 움직임을 기억하진 않는다. 추억은 마치 하나의 풍경화처럼 이미지로 머릿속에 저장되어 있다. 이미지는 방대한 사실을 하나의 모양으로 종합할 수 있다. 명확한 문장을 만들기 위해서는 자신이 지금 쓰고자 하는 내용을 먼저 볼 수 있어야 한다. 이를 통해 이미지를 파악하면 그것을 언어로 표현하면 된다.

하지만 사람은 한 번에 많은 양의 이미지를 기억할 수 없으므로 앞서 설명한 논리의 삼각형 구조를 이용하여 방대한 양의 이미지를 두세 가지 정도로 그루핑을 하는 것이 좋다. 그보다 더 좋은 방법은 방대한 양의 이미지를 하나로 포괄하는 것이다. 이를 위해서는 각 이미지의 명사를 찾아 명사와 명사 사이의 관계를 파악한 다음에 그 관계를 시각적인 이미지로 표현하는 것이다. 다음의 글을 살펴보자.

홍수가 발생했을 때의 대응책에 대하여 시청이 발표한 자료를 토대로 비상 시 계획을 짜도 상관은 없겠지만 비상 시 대책은 모든 상황을 고려해서 작은 단위인 구청에서 만들어져야 한다.

여기에서 중심이 되는 명사는 "비상 시 대책, 시청, 구청"이다. 그렇다면 이 글은 어떻게 연결을 해야 할까?

이 경우 글쓴이가 쓰고자 했던 글은 '비상 시 계획'이라는 것이 확연하게 나타난다. 요약하면, 명확한 글을 쓸 때 자신의 생각을 이미지로 만들면 도움이 된다. 머릿속에서 자리잡은 하나의 이미지는 글을 쉽게 쓰는 데 도움을 주고 독자가 읽기에도 좋다. 논술문의 독자는 그것을 평가하는 사람이다. 독자는 그 글을 통하여 머릿속에 하나의 이미지를 그릴 수 있어야 한다. 다시 말해, 독자의 머릿속에서 효율적으로 처리할 수 있으면서도 기억하기 쉬운 형태로 글을 써야 하는 것이다.

결론적으로, 글쓰기에서 문장의 의미를 명확하게 전달하려면 논리적인 설명이 이해하기 쉬워야 한다는 얘기다. 학생들의 글에서 논리적 구성이 부족한 이유 중 하나는 '자기 중심적인 사고방식' 때문이다. 자기 중심적인 사고방식은 글을 더욱 난해하게 쓰게 하는 요소가 된다.

글쓴이는 독자도 자신이 알고 있는 것을 알고 있다고 생각하기 쉽다. 또한 자신의 지식을 자랑하고 싶은 마음을 가지고 있다. 그러나 논술문을 읽는 독자는 글쓴이의 지식의 깊이를 보는 것이 아닌 논리의 창의성과 글의 구조를 본다.

4 실행을 위한 로드 맵을 만들어라

■■■ 실행 계획의 논술 플래닝

사람들은 머릿속에 수많은 생각을 하지만 어떤 상황에 놓였을 때 막상 내가 무엇을 어떻게 해야 할지는 모르기 때문에 실행을 제대로 하지 못한다. 이는 생각을 행동으로 옮기는 과정에서 계획이라는 징검다리를 만들지 못했기 때문이다. 남이 가보지 않은 미지의 곳을 찾아 가려면 그곳을 어떻게 탐험할 것인지의 계획이 있어야 한다.

어디로 가야 하는지, 누구와 언제, 어떻게 갈 것인지를 미리 계획하고 사전에 합의를 해야 한다. 미지의 세계이지만 그곳에 대한 지도를 만들고 탐험 루트와 행동계획을 세워야 한다. 계획을 세우기 전에 먼저 전체 여정에 대한 로드 맵을 만들어야 한다. 계획서를 작성하는 과정을 보면 처음부터 세부과정에 매달리는 사람이 있는가 하면 자기의 관심분야만을 생각하는 사람도 있다.

예를 들어 문과 출신인 학생이 논술계획서를 쓰면 소설책을 만든다. 이과 출신이 쓴 논술계획서는 수학책이다. 이처럼 자신이 알고 있거나 관심분야에 대해서는 자세한 계획을 세울 수 있지만 잘 모르는 부분은 소홀하게 된다. 논술은 아는 범위 내에서 쓰는 것이 아니다. 창조적 논술 가치가 있는 논술에 필요한 요소들을 사전에 생각하고 조율하고 준비해야 한다. 자신이 좋아하는 음식만을 먹는 편식형의 논술계획서를 만들면 오히려 엉뚱한 방향으로 갈 수 있다.

자신의 분야에 치우치지 않은 완벽한 계획서를 만들기 위해서는 먼저 전체의 로드 맵을 그려보는 것이 좋다. 이번 계획서에는 어떤 내용들을 고려해야 하고, 좋은 항목은 무엇이고, 전체적인 조율은 어떻게 할 것인가를 한눈에 볼 수 있도록 한 장에 그려 본다.

로드 맵을 그리는 방법은 마인드 맵을 그리는 방법과 비슷하다. 자세한 내용을 글로 쓰기 이전에 전체 줄거리를 먼저 그림으로 그린다. 마인드 맵은 좌뇌와 우뇌를 같이 활용하고 논리적인 계획서에서 놓치기 쉬운 감성적인 요소를 생각할 수 있게 하여 핵심적인 생각이 전체에 영향을 미치도록 하는 데에 유용하다.

■■■ 플래닝 로드 맵을 그리자

드라마에 나오는 연기자들은 자기 마음대로 연기를 하는 것이 아니다. 작가가 드라마의 순서에 맞는 대본을 건네주면 그 대본을 보고 연기를 한다. 그처럼 논술을 잘 쓰기 위해서도 드라마의 대본과 같은 것이 필요하다. 창조적인 생각을 잘하고 논리력에도 강하지만 논술시험을 보면 형편없는 점수가 나오는 학생들이 간혹 있다. 그것은 좋은 생각을 정리할 실행 시나리오가 없기 때문이다.

아이디어를 실행으로 이끄는 실행 시나리오가 플래닝 로드 맵이다. 플래닝 로드 맵은 전체의 생각을 한눈에 보이게 하고 창의력과 논리력을 일체화시킨다. 또한 창의력의 중복과 누락을 방지한다. 플래닝 로드 맵을 그리는 방법은 마인드 맵을 그리는 방법과 비슷하다.

백지의 중심에 핵심 컨셉을 그려라. 이미지를 그릴 수도 있고 키워드를 표시해도 좋다. 그런 다음 4~6개 방향으로 핵심요소들을 써 나간다.

- 새로운 이슈는 어디에서 찾을 것인가?
- 새로운 이슈에 적합한 아이디어는 어떻게 구할 것인가?
- 새로운 아이디어를 어떻게 논리에 연결할 것인가?
- 앞의 내용들을 어떻게 실행할 것인가?

핵심사항이 정해지면 다시 3~4가지의 실행사항으로 세분화시킨다. 이때 전체 전략요소들의 누락이 없어야 하고 중복도 없어야 한다. 전체 플래닝 탐험 여정에서 고려해야 할 핵심사항들이 먼저 고려되어야 한다.

■■■ 논술 플래닝 5 스텝

누구나 한 번쯤 10년 후, 혹은 20년 후 자신의 인생이나 가족 혹은 직장의 미래와 비전에 대해 생각해 보았을 것이다. 좀 더 가깝게는 다음 달에 볼 시험에 대해서도 걱정을 하기도 한다. 그러나 대부분의 사람들은 이러한 생각을 걱정이나 고민 수준에서 끝낸다. 하지만 조금만 더 깊이, 그리고 구체적으로 생각해 보자. 단순히 걱정이나 고민으로 끝내는 것이 아니라 그것을 체계적으로 정리하고 대비책까지 마련하는 것이다.

더구나 논술이라는 과목은 학생들에게는 허공을 붕붕 떠다니는 것처럼 아득하게 느껴질 것이다. 그래서 어디서부터 시작할지 막막하여 아예 시작조차 하지 못하는 경우가 있다. 때문에 생각만 하고 실행에 옮기지 못하는 것들을 일련의 단계를 이용해서 체계화하는 플래닝 로드 맵이 논술에 필요하다.

앞서 나가는 사람과 뒤에서 따라만 가는 사람의 차이는 무엇일까? 기획력과 실행력의 차이이다. 앞서 나가는 사람은 기획력이 뛰어나고 기획한대로 실행한다. 그러나 뒤에서 쫓아가기 바쁜 사람의 기획력을 보면 평범하기 그지없다. 앞서 가기 위해서는 실행될 수 있도록 새로운 아이디어를 계획하고 준비해야 한다. 계획만 세우다가 시간만 허비하는 사람도 있다. 계획을 세우기 위해 이 사람 저 사람 다 모여서 서로 다른 방법만 이야기하다가 아무것도 만들지 못하면 곤란하다.

플래닝을 만들 때 가장 중요한 것은 불필요한 시간 낭비와 논쟁을 줄

이는 것이다. 또한 계획은 전략의 실행을 위한 징검다리이므로 반드시 실행 가능한 요소들이 계획에 들어 있어야 한다. 불가능한 목표는 오히려 의욕을 상실시켜서 포기하고 싶어지는 마음이 들게 할 수도 있다.

■ 1단계 - 플래닝의 틀을 결정한다

이 단계에서는 플래닝, 즉 '창의적 논술가치'를 위한 두 가지 틀을 결정한다. 하나의 계획만 만들어 나가다 보면 어떤 부분에서든 삐걱거리기 때문에 계획 자체가 흔들릴 수 있다. 그럴 때 다른 방안이 없다면 애써서 진행한 플래닝이 소용없게 되고 다시 처음부터 시작해야 하는 상황이 발생하게 된다. 그러면 의욕도 떨어지고 다음에 다시 시작한다해도 좋은 결과를 얻기 힘들다. 그런 시간 낭비를 최소화하기 위해서 플래닝은 두 가지 정도로 틀을 짜는 것이 좋다.

■ 2단계 - 정보를 총점검 한다

1단계에서 설정한 틀에 따라 '세상'의 변화 동향을 이해하며 그 속에서 플래닝을 형성하는 새로운 정보를 추출한다. 전 단계에서 결정한 플래닝에 따라 적합한 정보를 깊고 넓게 수집한다.

■ 3단계 - 핵심역량을 발견한다

정보 추출이 끝났다면 이들 요소를 사용해서 플래닝의 골격이 되는 요소를 찾는다. 모든 사람이 모든 분야에서 월등할 수는 없다. 자신만의 역량을 발휘할 수 있는 분야가 있기 마련이다. 1시간 이상 집중을 할 수 있는 사람이 있는 반면, 30분밖에 집중을 하지 못하지만 10분의 휴식을 취하면 다시 곧바로 30분을 집중할 수 있는 사람도 있다. 이런 경우 한 시간을 집중하는 사람을 따라가기 위해 무리하게 공부 시간을 늘리는 것은 비효율적인 방법이 될 것이다. 자신에게 맞는 방법을 택해야 한다.

플래닝을 실행할 때 자신에게 맞는 역량을 발견하면 더욱 효과적인 계획을 세울 수 있다. 이것이 '핵심역량의 발견'이다.

■ 4단계 - 플래닝 만들기

이제까지 정리한 새로운 핵심역량을 정보와 함께 사용해서 플래닝을 완성한다. 정보는 항상 변하기 마련이다. 그리고 계획에는 차질이 생기기 마련이다. 때문에 2개의 플래닝을 우선은 불확실성이 나타날 수 있다는 가정 아래 작성한다. 마지막으로 이 플래닝이 정말로 실현 가능할 것 같은지의 여부를 인과관계를 고려하면서 논리적으로 검증한다.

■ 5단계 - 플래닝을 주시하는 준비에 들어간다

가장 마지막 단계에서는 모든 가능성을 열어둔 상태로 플래닝의 약점을 찾는 것이다. 이때 중요한 것은 플래닝을 주시하는 단계에서 사고를 정지하는 것이 아니라 가설을 심화시키는 것이다. 결과적으로 더 객관적인 시각을 가지고 세상을 응시할 수 있으므로 플래닝은 완벽해지고 창의적 논술가치의 질은 향상 되게 된다.

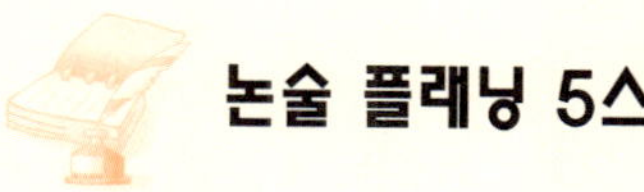

논술 플래닝 5스텝

1단계 _ 플래닝의 틀 결정

'창의적 논술가치' 를 위한 두 가지 틀을 결정한다.

2단계 _ 정보 총점검

적합한 정보를 폭넓게 수집한다.

3단계 _ 핵심역량 발견

자신만의 역량을 발휘할 수 있는 분야를 찾는다.

4단계 _ 플래닝 만들기

앞 단계에서 정리한 새로운 핵심역량을 정보와 함께
사용해서 플래닝을 완성한다.

5단계 _ 플래닝을 주시하는 준비 단계 돌입

플래닝을 주시하면서 사고를 심화 시킨다.

나의 경쟁 상대는 나 자신이다

찰스는 미국의 저명한 사업가이다. 한 번은 한 공장의 공정이 번번이 늦어져 전체 생산에 큰 지장을 초래했다. 그는 가장 믿음직스러운 간부를 공장장으로 파견했으나 문제는 개선되지 않았다.

"당신의 능력으로 그 공장의 생산량을 증가시키지 못했다는 것이 정말 이해가 가지 않습니다."

"죄송합니다. 저로서는 최선을 다했습니다. 노동자들에게 호소도 해 봤고 때론 질책도 했지만 아무 소용이 없었습니다."

찰스는 문제를 직접 해결하기로 했다. 공장에 도착 했을 때는 마침 주간작업 노동자들이 퇴근하고 야간작업 노동자들이 출근하는 교대시간이었다. 그는 퇴근 준비를 서두르고 있는 한 노동자에게 다가가 오늘 주간 생산량이 얼마나 되는지 물었다.

"여섯 용광로 생산했습니다."

그는 공장 벽에 걸려 있는 칠판에 6자를 큼직하게 써 놓았다. 그리고 또 다른 곳으로 시찰을 갔다.

야간작업 노동자들은 출근하여 그 6자를 보고 경비원에게 무엇이냐고 물었다.

경비원은 사장이 시찰을 나왔다가 보고 받은 주간 생산량을 적어 놓은 것이라고 했다.

이튿날 사장이 야간작업이 끝난 이른 아침에 공장에 다시 들어와 칠판을 보니 그가 적어 놓은 6자 대신에 7자가 적혀 있었다. 그는 만족스럽게 자리를 떠났다.

그날 주간 작업 노동자들은 6자가 7자로 바뀐 것을 보고 조바심을 냈다. '우리가 야간에 일하는 사람들에게 질 수는 없지.' 속으로 잔뜩 벼르며 작업을 했다. 그러던 어느 날 그들은 퇴근하면서 칠판에 10자를 써 놓게 되었다.

생산량을 초과 달성하는 날이 많아졌다.

모든 것은 마음먹기에 달렸다. 내가 할 수 있다고 생각하면 무엇이든 할 수 있다. 누군가 이미 이뤘다는 것은 나도 이룰 수 있다는 것을 의미한다. 지금 내가 창의적 논리가치를 익혀서 좋은 성적을 받지 않는다면 나는 머지않은 미래에 강제적으로 논술을 배워야만 할 것이다. 누군가에 의해 변화를 강요 당하지 않기 위해서라도 우리는 할 수 있다는 생각을 가지고 지금 변화해야 한다.

5 액션

■■■ 실행 없는 계획은 금물

방학이 되거나 휴가가 되면 학생과 직장인들은 거창한 계획을 세운다.

"이번 방학에는 영어를 완벽하게 공부해서 시험에 100점을 맞아야지."
"이번 휴가에는 가족과 함께 꼭 여행을 다녀와야지."

이런 계획대로라면 한국의 대부분의 학생들과 회사원들은 시험에서 좋은 성적을 거두었거나 가족끼리의 오붓한 휴가를 다녀왔어야 한다. 하지만 왜 현실은 그러하지 못한가?

답은 실행이다. 대부분의 사람들은 성공적인 결과를 얻지 못하면 목표가 너무 컸다고 생각하거나 주변 환경에 대한 불평부터 하게 된다. 실제로도 목표가 너무 크거나 주변 환경이 목표를 이루는 데 도움을 주지 못하는 경우가 많다. 하지만 그런 이유보다 목표를 이루지 못한 가장 실질적인 이유는 바로 스스로 실행하지 않았기 때문이다.

나폴레옹만큼 훌륭한 군인은 많았다. 하지만 나폴레옹이 위대한 영웅일 수밖에 없는 이유는 아무도 엄두를 내지 못한 알프스 산을 넘어 공격한다는 전략을 실행에 옮겼다는 것이다. 그의 전략이 실패했든 성공했든 그것은 중요하지 않다. 실행이 없었다면 실패도 없었을 것이다.

창의력이 수반된 논리력을 기르기 위해 많은 제반요건이 필요하겠지만 무엇보다 중요한 것이 바로 실행이다. 또 그 일에 임하는 사람의 마음가짐이다. 기존의 논술 관련 책에는 그저 자료만 모아 놓거나 방법론에 대한 이야기만 수록되어 있다. 하지만 필자는 그런 방법론 이전에 그것을 어떻게 실행하느냐가 더 중요하다고 생각한다. 방법을 알지만 어떻게 실행을 해야 하는지를 알지 못해 실천에 옮기지 못하는 학생들을 필자는 자주 보았다.

실행의 문제는 단지 의지와 자세의 문제만은 아니다. 앞서 작성한 플래닝으로 계획은 만들었지만 다음과 같은 저항 요인이 발생할 수 있다.

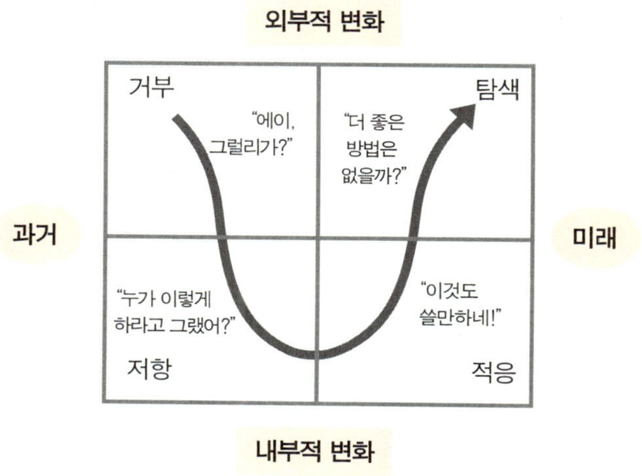

창의력을 키우는 것은 이전과는 다르게 사물을 바라보는 것, 즉 시각을 변화시키는 것이다. 하지만 사람들은 누구나 새로운 일에 대해 거부감을 갖는다. 특히 변화에 대해서는 더욱 그렇다. 변화를 새로운 기회나 긍정적인 상황으로 받아들이기에는 너무나 갑작스럽고 생소한 일이기 때문에 처음에는 변화 자체가 위협으로 느껴지기도 한다.

"창의력을 기르지 않아도 나는 잘 살 수 있는데 굳이 내가 이렇게 해야 하는 걸까?"라는 생각을 할 수 있다. 위협으로 느끼는 변화를 수용할 리가 없으므로 이를 거부하게 되며, 거부에서 오는 갈등은 점점 커져 능률에도 영향을 미치게 된다. 이 단계에서 의욕이 줄어들면 변화에 대해 긍정적인 생각은 가질 수 없을 것이다. 하지만 이런 반응을 무조건 방치해 둘 수만은 없다. 보다 효과적인 행동 반응으로 유도 · 지원해야 한다.

그러기 위해서는 보다 지속적이며 일관성 있는 현 상황에 대한 정보제공이 있어야 한다. 이를 통해 막연한 불안을 털어낼 수 있도록 해야 하고 머지않아 새로운 방향에 대해 기대를 가질 수 있도록, 특히 변화가 가져다 줄 보상을 분명히 하고 변화에 대한 이해 기반을 넓혀야 한다.

하지만 아무리 적극적으로 행동하더라도 사람의 마음은 쉽게 변하지 않는 법이다. 특히 변화라는 커다란 바람 앞에서 순순히 기존의 옷을 벗어 던질 사람은 많지 않다.

그러므로 초기단계보다 더 큰 분노와 후회, 좌절을 느끼며 자신을 지금까지 지켜준 친숙한 과거의 방식을 고집한다. 바람에 의해 옷이 벗겨

지는 것이 아니라 더욱 완강하게 외투를 여미는 것이다. 그러나 이 단계에서 주저앉고 만다면 거부단계로 되돌아가게 되는 것이다. 이러한 저항을 줄이려면 변화에 대한 자신의 전반적인 태도가 어떤 것인지 돌아보아야 한다.

앞의 두 단계를 거치면서 변화에 대해 희망적인 생각을 갖게 되지만 아직도 탐색을 하는 단계다. 여전히 과거 상실에 대해 비관, 슬픔을 표현하기도 하여 완전한 변화·수용에 의구심을 갖고 있다. 하지만 변화가 가져다 줄 새로운 가치와 의미를 새롭게 인식하여 새로운 가능성에 대해서도 나름대로의 정보를 가지고 변화를 탐색하게 된다.

이전의 완고하고 단단하기만 했던 벽을 허물고 어느 정도 마음의 문을 연 단계이므로 보다 적극적으로 대처방안을 마련하고 효과적인 행동계획을 세워야 한다. 변화에 대한 적응을 시작하면서 스스로 새로운 행동제도 시스템을 도입하게 되며, 이에 따른 새로운 학습을 시작한다. 이때 새롭고 창의적인 발상과 변화를 수용하고자 하는 노력을 해야 한다.

쇠를 녹여서 끝을 뾰족하게 벼리면 창이 되고, 폭을 넓히면 호미가 된다. 현실에 안주하고 있던 우리의 창의적 논술가치를 창으로 만들어야 하지 않겠는가? 호미를 가진 자와 창을 가진 자와의 승부는 굳이 보지 않아도 결과를 예상할 수 있다. 변화라는 것은 어렵지 않다. 쇠를 녹이는 과정에서 호미를 만들 때보다 끝을 조금 더 뾰족하게 만들면 창이 된다. 그것이 변화인 동시에 창조이다.

■■■■ 액션 팀을 구성해라

　회사에서는 효과적인 운영을 위한 방향을 잡기 위해 혹은 새로운 생각을 이끌어 내기 위해 회의를 한다. 회의를 하면서 새로운 업무에 대한 틀을 마련하게 되고 아울러 여러 의견을 모으고 정리하며 창의적인 아이디어를 만들어 낸다.

　회사에서 회의를 하듯이 논리를 향상시키는 방법은 토론에서도 동일하게 적용된다. '백지장도 맞들면 낫다' 는 속담처럼 한 사람보다는 여러 사람이 모여 한 문제에 대해 논하면 시간도 절약되고 다양한 관점의 이야기를 들을 수 있어 효율적이다. 이런 장점들을 더욱 부각시키기 위해서는 원칙이 필요하다. 팀에서 논리적으로 생각하는 환경을 만들기 위해 다음과 같은 원칙을 적용해 보자.

★ 팀에서 논리적인 사고를 기르는 5가지 원칙

1. 모든 논리적인 생각들은 기록하여야 한다

　토론이 끝난 뒤에는 토론 내용이 정리된 토론록을 참석자에게 배포하여야 한다. 물론 이렇게 하기 위해서는 토론 내용을 정확하게 정리한 토론 목록을 작성하는 습관을 길러야 한다.

2. 다른 참석자의 발언을 성의 있게 들어야 한다

대화의 기본은 1, 2, 3이다. 1분간 이야기하고, 2분간 듣고, 듣는 중에 3번 수긍하는 것이다. 토론도 마찬가지여서 자신이 이야기하는 시간보다 듣는 시간이 훨씬 많다. 토론 참가자는 발언을 잘하는 것만큼 듣는 역할을 잘하는 것도 중요하다. 다른 참석자들의 이야기를 성의 있게 듣다 보면 토론을 위해 준비해 온 새로운 정보들을 얻을 수 있고, 말하면서 생각하기는 힘들지만 들으면서 생각하기는 쉽기 때문에 자신도 생각하지 못한 새로운 발상을 얻을 수 있다.

3. 생각하고 수정하는 시간은 충분하게 주어져야 한다

토론을 하다 보면 동등한 입장에서 상호 커뮤니케이션이 되지 않는 경우가 발생한다. 일부 참석자가 장시간 불필요한 논쟁이나 발언을 하기 때문에 논쟁에 참여하지 않은 참석자의 생각을 파악하고 그것을 수정할 시간을 빼앗기는 경우가 생긴다. 토론은 싸우는 것도 아니고 자신만의 입장을 독선적으로 내세우는 것도 아니다. 참석자 전원에게 균등하게 기회를 주어야 질 높은 결과를 이끌어 낼 수 있다.

4. 반드시 순서를 정해 모두가 발표를 해야 한다

간혹 아무런 준비도 하지 않아서 발표를 하지 않는 참석자가 발생할 수 있다. 이를 방지하기 위해서 반드시 순서를 정해서 모두가 발표를 하도록 해야 한다. 그래야 참석자들은 토론을 시작하기 전에 자신이 무슨 말을 해야 하는지 준비한 뒤 토론에 임할 수 있다.

5. 토론의 주제를 명확하게 정해야 한다

가장 중요한 것이 바로 토론 참석자들에게 토론 주제를 명확하게 인식시키고 이에 대해 방향을 잡는 일이다. 모든 토론은 뚜렷한 목적이 존재해야 하고, 모든 토론자로 하여금 어떤 준비를 해야 하는지 구체적으로 알려주어야 한다.

어떤 주제를 두고 토론을 할 때 모두가 자신과 같은 생각을 할 수 없다는 것이 액션 팀의 장점이지만 간혹 생각의 차이로 인해 토론이 진전되지 못하고 감정싸움으로 이어지는 경우가 있다. 비유를 하면 시소를 타는 원리와 같은 것이다. 한 사람이 올라오면 한 사람은 아래에 있고 또 내려가면 올라와 있다.

효과적인 토론을 위해서는 모두가 같은 위치에서 서로를 바라보아야 한다. 물론 각자 개인의 배경과 감정, 가치와 신념 등의 차이는 있겠지만 효과적인 토론을 위해서는 같은 위치에서 논리를 나누어야하고 주관적인 논리도 객관적인 위치에서 펴야 할 것이다.

과거에는 독창적이거나 별난 아이디어가 그다지 환영 받지 못했다. 그러한 독창성은 실제 생활과 큰 연관성이 없으며 예술가나 시인들만 가지고 있는 재주 정도로 치부했기 때문이다. 따라서 창의력은 일상생활과 동떨어진 것이라고 생각하였다. 곧 창의력은 직관이나 영감처럼 쉽게 정의할 수 없는 저 너머 세상의 것이었다. 그러나 논술을 위해서는 창의력이 필요하다. 어느 기업이든 창의적인 혁신으로 발전을 도모하지 않으면 곧 경쟁사에 추월당해 도태되는 것처럼, 논술 또한 창의적인 생각을 하지 않으면 결국 휴지조각만을 쥐게 될 것이다.

■■■■ 빠른 성공의 경험이 논술을 즐겁게 한다

창의적 논술가치를 실현시키기 위해 가장 중요한 것은 성공 경험이다. 다름아닌 '뭔가 되더라.', '정말 쓸 만하더라.' 하는 좋은 기억이다. 추진부터 수행과정을 거쳐 결과에 이르는 좋은 사례(Best Practice)가 필요하다. 이러한 성공 경험을 통해 자신감과, 앞으로의 일을 진행하는 데 필요한 노하우 등을 얻을 수 있다. 이는 연속적인 성공의 가장 확실하고 효과적인 밑거름이 된다.

보통 실패는 성공의 어머니고 실패를 통해서 보다 나은 성공을 얻는다고들 하지만 자꾸만 실패를 하다 보면 자신감과 의욕을 상실하고 만다.

싸움닭의 예를 들어 보자. 싸움닭을 조련할 때 항상 현재 능력보다 조금 앞선 상대하고 싸움을 붙인다고 한다. 따라서 정상적인 경우에는 어느 정도 패배가 예고되어 있다. 그러나 조련사는 자신의 싸움닭이 최선을 다해서 싸우더라도 결국 질 만하면 싸움을 중지시킨다고 한다. 왜냐하면 훌륭한 싸움닭은 자신보다 우수한 상대와 싸우면서 성장하지만 패배의 경험은 치명적이어서 훌륭한 싸움닭이 자신감을 상실하여 성장하지 못하게 하기 때문이라고 한다.

그처럼 우리에겐 만족할 만한 성공 경험이 필요하다. 그러기 위해선 일정 규모 이상의 노력과 일정 난이도 이상의 어려움 그리고 일정 등급 이상의 성과가 있어야 한다. 그리고 무엇보다 그 일을 제대로 한 번은 잘 수행해야 한다.

새 학년이 다가오는 시기에는 학생들 대부분은 부모님들에게 학업에 관한 이런 저런 잔소리들을 듣게 된다. 그러나 이런 말로 학생들이 변하는 경우는 거의 없다. 그런 말로 학생이 변화된다면 이 세상의 모든 학생은 이미 우등생이 되어 있을 것이다.

반면 부모가 채근하지 않아도 스스로 목표를 정하고 노력하는 학생들도 있다. 이들의 차이점은 무엇일까?

답은 '성취 경험'이다. 사회생활을 하는 어른들도 그렇겠지만 중·고생에게는 특히 '성취 경험'이 필요하다. 그리 많은 공부를 하지 않았지만 우연히 시험에서 좋은 점수를 얻어 자신감을 가진 학생의 경우엔 '성취 경험'을 통해 달라졌다고 볼 수 있다.

또한 한 번 이룬 성취의 계기가 지속되기 위해서는 '지속적인 성공의 경험'이 중요하다. 노력을 했을 때 성취감을 맛보아야 그것이 지속된다는 것이다.

그렇다고 해서 실패를 두려워하면 안 된다. 반드시 성공해야 한다는 생각은 성공에 대한 부담만 가중시킬 수 있다. 실패를 용납해야 창의력이 생길 수 있다. 실수를 창피하다고 여겨서도 안 된다.

우리 사회는 지나치게 결과를 중시하는 경향이 있다. 실패도 할 수 있다는 다양성을 인정해야 비로소 성공을 이룰 수 있고 창의적 논리가치를 익힐 수 있다.

영어 단어 10개를 외우고 하루가 지나면 7개만 생각나고, 3일이 지나면 1~2개밖에 생각나지 않는다. 때문에 영어 단어는 기억이 잘 나는 시점인 다음 날에 다시 외워야 비로소 10개의 단어를 모두 기억할 수 있게 된다.

창의력도 마찬가지다. 처음 잘 될 때 끊임없이 학습하고, 적응하고, 변화하는 것을 공부의 방식으로 채택하지 않으면 몬스터의 등장이나 목표 인식에 대한 상실감으로 도태되고 자신이 설 자리를 잃어버리게 된다.

에디슨이라고 항상 새로운 아이디어가 떠오르는 것은 아니었을 것이다. 그도 종종 벽에 부딪쳐 한계를 느낄 때가 있었다고 한다. 그는 이럴 때의 심정을 평소에 잘 알고 지내는 사람에게 다음과 같이 적어 보냈다.

"내가 하는 발명이 언제나 꼭 그랬다. 처음에는 늘 직관에 의해 움직인다. 빠르게 일이 진전되는가 싶다가 이내 곤란한 상황이 벌어진다. 한 가지 문제를 해결하면 다시 새로운 문제가 생긴다. 이같은 작은 장애와 어려움을 나는 '병원균'이라고 부른다. 아무리 조심해도 느닷없이 감기에 걸리는 것과 같다. 신경 쓰이고 걱정되지만 뜻을 굽히지 않는 자세를 취하는 것이 중요하다."

아이디어가 감기에 걸렸을 때 그는 다음과 같이 치료했다.

"올바른 생활을 유지하면 감기는 저절로 낫는다. 발명과정에서 겪는 장애와 곤란도 정확한 예측과 원칙을 세우고 그에 따라 더 노력하면 반드시 극복할 수 있다."

발명왕 에디슨도 아이디어가 고갈되고 일이 잘 되지 않을 때가 많았다. 하지만 그는 예측과 원칙을 실생활에서 유지하면서 극복하였다. 아무리 좋은 능력을 가지고 있다고 하더라도 장애는 늘 벌어진다. 이를 방지하기 위해서는 모든 과정을 실생활로 연결하여 창의적 논리가치가 역류하지 않게 만들어야 한다.

작은 실수를 질책하라

일본 마츠시타사(社)의 창업주인 마츠시타는 경영능력이 뛰어나고 비범하여 '경영의 신'이라고 불린다. 산요전자·기계회사의 부사장이었던 야마다가 마츠시타사의 공장장으로 자리를 옮긴 지 얼마 되지 않아 대형화재로 공장이 잿더미가 되고 말았다. 그는 다급히 마츠시타에게 전화로 상황을 보고했다. 야마다에게 돌아온 대답은 한 마디였다.

"잘 해봐요."

그 후, 마츠시타는 이 큰 일을 전화로 알린 사실에 대해서 야마다를 크게 꾸짖었다. 그러나 화재 발생 그 자체에 대해서는 어떤 처벌도 하지 않았다. 야마다는 더욱 열심히 일했다.

마츠시타는 사람들의 심리를 잘 파악하여 경영에 적용했다. 흔히 작은 실수는 소홀히 넘어가지만 결국에는 작은 실수가 큰 실수를 만드는 원인이 되기 마련이다. 그것을 잘 알았던 마츠시타는 작은 실수에 대해서 엄하게 질책하였다. 하지만 큰 실수 앞에서는 바보라도 스스로 반성할 줄 안다고 생각하여 질책을 하지 않았던 것이다.

개인이나 단체에 불행이 갑자기 닥치는 것처럼 보이지만 그것은 불행을 미리 예방하지 않았기 때문에 닥친 것이다. 적은 자신이 미처 방어하지 못한 곳으로부터 공격을 한다.

토론 팀을 가동하다 보면 약속이 생겨 빠지고 피곤해서 준비를 못했다고 변명을 하는 팀원들을 볼 수 있다. 이런 작은 균열이 모든 팀원의 창의적 논리가치를 떨어뜨릴 수 있다. 따라서 실수를 없애려면 그로 인하여 벌어진 커다란 사건보다는 작은 실수부터 엄하게 질책하여 창의적 논리가치에 균열이 생기는 것을 막아야 할 것이다.

6 보이지 않던
세계가 열린다

■■■ 논술은 행복을 주는 마법

천재 과학자나 이론가는 창의성을 태어날 때부터 가지고 있다고 생각할 수도 있다. 하지만 평범한 사람들도 후천적 노력으로 그들의 창의성을 보다 높은 수준으로 끌어올릴 수 있다. 이러한 주장은 흥미와 노력만 기울이면 누구든 잠재된 창의력을 더 효율적으로 활용할 수 있다는 얘기다. 창의성에 대한 세계적인 학자 토런스도 어린이나 어른 모두에게 잠재된 창의성을 교육으로 높일 수 있다는 사실을 그의 연구결과로 증명하였다.

창의성에 대한 정의는 학자의 수만큼 많다고 해도 과언이 아니다. 인지능력을 강조한 길포드(Guilford)는 '지능구조 모델'을 소개하면서 그 모델의 한 부분인 확산적 사고를 창의성의 기본이 되는 사고유형으로 보고, '창의성이란 새롭고 신기한 것을 낳는 힘'이라고 정의했다. 또한 산출물을 강조하는 입장에 있는 테일러(Taylor)는 '창의성은 특정한 목적을 갖고 모인 집단에 지속적이고 유용하고 만족스러운 것으로 받아들여진 신기한 작품을 만들어 내는 과정'이라고 정의하고 있다.

논술시험를 준비하기 위해서도 창의성을 기반으로 한 논리력을 키워야 한다. 알다시피 논술은 '단순한 기술'을 평가하는 것이 아니다. 또한 특정 분야의 전문적인 지식을 묻는 시험도 아니다. 우리가 살면서 생각해야 할 궁극적이고 근본적인 몇 가지 주제를 논하는 시험이다. 세상을 살아가면서 필요한 자신만의 세계관을 확립해 놓는 것은 중요하다. 그런 준비가 되어 있으면 무슨 문제가 나와도 자신 있게 대처할 수 있을 것이다.

자신감을 갖는다는 건 중요하다. 시험지를 받고 문제를 확인하는 그 몇 초 동안의 자신감이 글쓰기에 영향을 미친다. 자신감의 유무에 따라 숨을 실력이 발휘될 수도 있고 있는 실력도 제대로 발휘되지 않을 수도 있다.

■■■■ 습관으로 이어지게 하라

우리나라 속담에 '세 살 버릇 여든까지 간다.'는 말이 있다. 어릴 때에 몸에 밴 습관은 좀처럼 고치기 어렵다는 뜻의 이 말은 어린 시절에 익힌 생활습관이 중요하다는 것을 말해 준다.

버릇이 없던 아이들도 생활 속에서 익히는 인사예절, 공공장소에서 지켜야 하는 태도 등에 대해 반복적으로 알려 주면 그것을 따라 하기 시작한다. 이런 반복적인 행동은 곧 습관으로 이어진다. 생활습관은 반복적인 연습이 필요한 것이며, 이후로도 계속적인 연습이 필요하다.

세상은 실타래와 같다. 세밀하게 엮인 실처럼 한 부분을 흔들면 모든 것이 흔들린다. 사람도 마찬가지다. 작은 습관 하나가 전체적인 습관을 이루는 것이다. 때로는 아침에 5분 일찍 일어나는 것이 하루의 기분을 변화시킨다. 역시 변화에 대한 가장 큰 적은 자기 자신의 습관이다.

사람의 근육이 훈련으로 강화되듯 생각하는 능력도 훈련으로 키울 수 있고 두뇌도 그와 같이 발전시킬 수 있다. 사람의 생각이 올바르게 보상받을 수만 있다면 개인의 능력도 발전할 것이고 세상도 지금보다 훨씬 진보할 것이다.

사람의 지능도 사용하지 않으면 무뎌진다. 이것은 창의적 논리가치도 사용되지 않으면 무뎌질 수 있다는 것을 의미한다. 뇌는 우리 몸의 다른 부위와 똑같다. 적절한 운동과 적절한 사용으로 그 능력을 강화시킬 수 있다. 아주 오랫동안 팔에 붕대를 감고 있다가 붕대를 풀면 한동안 그 팔은 예전처럼 사용하기 힘들다. 마찬가지로 사용하지 않는 뇌는 쇠퇴하게 된다.

우리는 생각하고 또 생각함으로써 최고의 만족과 기쁨을 얻을 수 있다. 생각하고 그것을 논리적으로 가꾸어 나갈 줄 모르는 사람은 인생의 가장 큰 기쁨을 모르는 것이나 마찬가지다. 인생의 기쁨을 모르면 자신이 이룰 수 있는 새로운 자아를 형성할 수도 없다. 진보와 모든 성공은 생각하는 데에서 비롯된다.

■■■ 우리는 왜 늘 시간에 쫓기는가?

시험이 다가오면 학생들은 입버릇처럼 말한다.

"오늘은 밤 새워야겠다."

필자는 이 말을 단 한 번도 하지 않았다. 이것은 필자의 자랑거리이기도 하다. 또한 현재까지 살아 오면서 강의나, 10권의 단행본 집필을 위해 단 한 번도 밤을 새우지 않았다. 밤을 지새우지 않았기 때문에 다음날 있는 약속에도 늦은 적이 없다.

이것은 결코 우연이 아니다. 예를 들면, 이 책의 원고 마감을 위해 나는 편집 담당자와 얼마 동안의 기간을 두고 계약을 했다. 필자는 원고를 계약한 후부터 책을 모두 완성할 때까지의 기간을 순차적으로 정했다. 지금까지 필자가 참여한 모든 책들이 이런 방식으로 만들어졌다. 한 번에 여러 권의 책을 집필하기도 하고, 그 기간에 강의도 하며 매번 새로운 논술자료를 준비해야 하는 현실을 감안하면 간혹 책의 원고 작성이 예상보다 늦어질 수도 있다. 하지만 필자는 여유롭게 시간을 맞춰 왔다. 그것이 가능했던 이유에는 이것이 있다.

보통 원고작성을 끝내야 하는 날은 정해져 있고, 이 약속은 필시 몇 개월의 여유를 두고 한 것이기 때문에 돌발적인 것이 아니다. 즉, 기간을 두고 보며 대책을 생각할 여유가 있고, 작업을 수월하게 진행함으로써 마감 직전에 이르러 무리하게 쫓기는 것을 피할 수 있다. 첫 주에는 무엇을 하며, 다음 주에는 무엇을 하고, 마지막 주에는 무엇을 해서 원고를 마감하겠다는 과정을 세분화 해서 자신이 세운 목표를 달성 할 수 있을 것이다.

철저한 계획 실행을 위해 먼저 필요한 것이 바로 건강이다. 몸 상태가 좋지 않아 과정을 제대로 수행할 수 없다면 더 이상 계획을 진행하는 것은 불가능하다. 건강을 지키기 위해 밤을 새우는 일은 삼가야 한다. 시험 공부 때문에 밤을 새워 공부를 하는 학생들이 많지만 어떤 경우라도 2~3 시간은 눈을 붙여야 한다.

그리고 '너무 바빠서 밤을 새야 한다.' 고 말하는 학생들은 일의 착수가 늦어졌기 때문에 마지막에 잠잘 시간까지 고스란히 반납해야 하는 경우가 대부분일 것이다. 그렇다면 왜 일의 착수가 늦어진 것일까? 밤을 새웠기 때문에 다음날 몸이 힘들어져서 일을 또 미루게 되고 또 다음 날은 전날 하지 못했던 일을 하기 위해 또 밤을 새우는 전형적인 악순환이 생긴다. 한 번 어긋난 패턴은 바꾸기 힘들다. 따라서 다음 일을 위해서라도 현재의 일을 빠르게 끝내려는 마음을 갖는 것이 중요하다.

같은 이유로 다음과 같은 일은 학생들에게 치명적인 결과를 만들어 낸다.

"쟤는 시험 보기 전날 공부를 밤 10시까지만 했다는데 어떻게 전교 1
등을 할 수가 있었을까? 분명 거짓말을 한게 틀림 없어. 아마 시험 보기
전부터 며칠동안 밤을 샜을걸."

학생들이 자주 하는 이야기다. 언제나 1등을 하는 학생은 시험을 치르
기 전에 '너 어제 언제까지 공부했어?' 라고 물으면 '밤 10시나 12시 정
도….' 라고 대답한다. 하지만 그 대답을 들은 학생들은 그것을 믿지 못한
다. 이것은 자신의 경험으로 봐서 새벽 3시까지 공부를 해도 맨날 10등
을 넘지 못하는데 어떻게 전교 1등 하는 친구가 밤 10시까지만 공부를
하겠느냐 하는 생각 때문이다. 그래서 공부를 잘 하는 학생들은 언제나
친구들에게 거짓말쟁이로 통할 수밖에 없게 된다.
하지만 사실 그들은 거짓말을 하고 있는 게 아니다. 그들의 말이 사실
이기 때문이다. 공부를 잘하는 학생들은 시험 기간 훨씬 전부터 시험을
대비한 계획을 세우고 조금씩 그 계획을 진행한다. 그런 학생들에게 시
험 전날 밤을 새우는 일은 전혀 필요하지 않다.
이것은 나중에 사회생활을 할 때도 똑같이 나타난다.

"차가 막혀서 좀 늦었습니다."

종종 이렇게 변명을 하는 사람을 볼 수 있다. 그러나 비즈니스 사회에
서는 이런 말이 용납되지 않는다. 그 늦는 사이에 라이벌 관계에 있는 회
사가 먼저 도착해서 계약을 먼저 성사시킬 수도 있기 때문이다.

직장에서도 항상 지각을 하는 사원이 있다. 그 사원은 언제나 조금씩 늦는다. 전철이나 차가 늦게 왔다고 해도 애초에 집에서 여유를 가지고 출발을 했다면 늦지는 않았을 것이다. 그 정도도 대비하지 못하는 사람을 과연 얼마나 신뢰할 수 있을까? 이런 사원은 그에게 주어진 업무도 만족스럽게 하지 못할 뿐더러, 고객이나 동료에게도 신뢰를 얻지 못하기 때문에 능력을 발휘할 기회조차 얻지 못한 채 무능력한 사람으로 낙인찍히게 될 것이다.

우스운 일이지만 필자는 감기조차 예정대로 걸린다. 언젠가 바쁜 일정으로 이번 주엔 감기에라도 걸리면 모든 일이 뒤엉켜 버릴 것이라고 고민했던 적이 있었다. 필자는 장난스러운 마음으로 책상 앞에 '나는 건강하다' 라는 말을 종이에 써서 붙여 놓았다. 그런 때문인지 일이 마무리 될 때까지 감기에 걸리지 않았다. 그렇게 일을 다 마치고 긴장을 풀고나서 이번에는 '나는 이번 주에 감기에 걸릴 예정이다.' 라고 종이에 붙여 놓았다. 그랬더니 놀랍게도 필자는 감기에 걸리고 말았다. 호되게 감기를 앓은 필자는 다음부터는 이런 장난은 하지 않아야겠다고 마음을 먹었다.

능력은 있지만 시간 관리가 되지 않아 평생 시간에 쫓겨 사는 사람들이 많다. 필자의 감기 이야기가 헛된 이야기로 들릴지도 모르나 그만큼 시간 관리는 중요하다는 뜻이다.

시간 관리는 모든 사람이 터득하고 지켜야 할 가장 중요한 기술이다.

시간이란 그 자체가 형태도 없고, 무게를 파악할 수 없기 때문에 누구나
간과하기 쉽다. 하지만 현실에서는 그렇지 않다.

부 록

Logical Thinking

논리를 내 편으로 만드는 13가지 생활지침

수험생들은 고등학교에 입학하면서부터 입시공부에 매달려야 하고 객관식 문제 풀이에 전력해야 하기 때문에 자신의 생각을 담은 짧은 글 한 편 써 볼 겨를이 없다. 그렇다고 따로 시간을 할애해서 미리 논술시험을 대비하기도 힘든 실정이다. 그래서 막상 논술시험을 대비하려고 하면 막막할 뿐이다. 논리적인 사고를 할 수 있게 만드는 사고지침을 매일 습관처럼 되풀이하기를 바란다.

1. 논리 벤치마킹을 하자

이야기를 하면서 많은 사람들이 실수하는 것 중의 하나는 자신의 의견만 고집하는 경우이다. 성격이 급하고 다혈질인 사람의 경우 자신의 의견에 대한 근거를 따져 보고 객관적으로 인정된 사실이라고 판단되면 이야기를 끝낼 때까지 주장을 굽히지 않는다. 그렇게 되면 자칫 자신과 이야기하는 모든 상대를 부정하게 되고 자신의 의견이 가장 논리적이라는 함정에 빠질 수 있다.

이는 자신의 의견이 옳다고 주장하는 것보다 남의 의견이 잘못되었다고 증명하는 쪽이 논의의 주도권을 잡기에 편리하기 때문이다. 하지만 이런 식으로 이야기를 나누다 보면 정작 자신에게는 아무런 발전도 없

다. 잠시 대화를 나누는 동안에도 자신의 의견만 내세우고 말꼬리만 잡
는 사람과는 누구도 대화하기 싫어한다. 이야기를 나눌 때에는 상대방도
그 나름대로 의견을 말할 권리가 있고 또 그 의견이 논리적이지 않더라
도 '아! 이런 생각도 할 수 있구나!' 하며 자신의 것으로 받아들일 수 있
어야 발전이 된다.

2. 논리 조깅을 하자

몸을 건강하게 유지하기 위해서 아침에 일찍 일어나 조깅을 하듯이 논
리를 튼튼하게 유지하기 위해서도 논리 조깅을 해야 한다. 아무리 좋은
생각이라 할지라도 그것을 구체화하고 기술적으로 발전시키지 않으면
하나의 생각으로 자리 잡을 수 없다. 그런 능력을 기르기 위해서는 창의
적인 생각들을 자꾸 떠올리며 회전시켜야 한다. 창의적인 생각이 논리화
되지 못하고 개천에 흘러 버려진다면 안타까운 일이다. 그것을 방지하기
위해서는 하루에 한 시간 이상, 하루를 마감하며 자신의 생각을 정리하
는 시간을 갖도록 해야 한다.

3. 논리적이고 간단하게 말하자

사람들은 보통 이야기를 전체의 구성을 가지고 이해하기 보다는 하나
하나의 말이나 문장으로 전체를 이해하려 한다. 그래서 이야기를 하다
보면 본인이 의도하지 않은 방향으로 화제가 옮겨 가는 경우가 있다.

이렇게 곁가지로 흐르는 현상을 피하려면 이야기하고자 하는 내용에 대한 논리를 가지고 간결하게 이야기하는 것이 좋다. 자신이 아무리 논리적으로 이야기하고 있다고 해도 그 내용이 너무 길어지면 상대에게 제대로 전달되지 않는다. 자신의 논리를 듣는 사람이 이해할 수 있게 하려면 불필요한 정보를 뒤섞지 말고 요점 중심으로 간단하게 표현해야 한다. 이야기의 내용을 조감해 보듯 전체의 구성을 염두에 두고 몇 가지 주요 내용을 키워드로 정리하는 것이 좋다.

4. 논리노트를 쓰자

필자는 그 동안 강의를 하면서 기억력이 특별히 좋은 사람들을 많이 만나 보았다. 그들은 얼핏 보기엔 다른 사람들과 다른 점이 없었다. 단 하나 다른 점이 있다면 그건 바로 메모하는 습관이었다. 그들은 필자가 강의를 하는 내용 중 중요하다고 생각되는 부분이나 반드시 알아야 할 부분은 어김없이 메모를 하였다. 한마디로 손이 부지런해야 기억력도 좋아지고 배경지식이 풍부해진다는 것이다.

현대인들은 대부분 보고 듣고 말하면서 수많은 정보를 받아들인다. 하지만 '쓰기'는 부족하다. 기록을 안 하면 기억력도 떨어진다. 매일 수많은 정보를 받아들이지만 기록을 하지 않으면 자신의 것이라고 믿었던 정보들이 기억속에서 물거품처럼 사라지고 만다.

같은 수준의 능력을 가지고 있다면 논리력 싸움에서 이기는 사람은 반드시 많은 정보를 가지고 있는 사람일 것이다. 메모를 하지 않으면 이것을 반드시 외워두어야 한다는 강박관념에 사로잡힌다. 그러므로 기록하고 잊어라. 무엇인가를 기억하기 위해 늘 고심하는 사람보다는 메모를 한 뒤 안심하고 잊을 수 있는 기쁨을 만끽하면서 항상 머리를 창의적으로 쓰는 사람이 성공하는 법이다. 이것이 바로 '메모의 힘'이다.

항상 메모장과 필기도구를 준비하여 정보나 아이디어를 얻을 때마다 즉시 메모를 하는 습관을 기른다면 논리력과 창의력을 보다 쉽게 키울 수 있을 것이다.

5. 고슴도치 인간을 자주 만나자

다른 사람과 매끄럽게 대화를 이끌어 가지 못하며, 사람을 만나면 처음에 어떤 말부터 해야 할지 방법을 알지 못하는 사람은 대부분 논리가 빈약한 경우이다. 이는 영어를 못하는 사람이 미국인을 만나 당황하는 경우와 비슷하다. 이럴 땐 자꾸 미국인을 만나 경험과 대화의 프로세스를 구성해 나가야 한다.

고슴도치는 가시가 있어 쉽게 잡을 수 없는 동물이다. 설득도 칭찬도 통하지 않는 고슴도치 인간을 다루는 것은 쉽지 않다. 그런 면에서 고슴도치를 만나는 것은 논리력을 키우는 좋은 방법이 될 수 있다. 고슴도치 인간을 만나 대화를 나누는 사이에 커뮤니케이션 능력은 더 깊고 풍부해질 것이고, 인간관계 역시 원만해질 것이다. 즉 고슴도치 인간과 대화를 하는 동안 논리력을 갖출 수 있고 더불어 가장 다루기 힘든 인간을 다루면서 인간관계를 원만하게 이끌어 가는 방법을 터득할 수 있는 것이다.

6. 질문을 자주 던지자

'누가, 무엇을, 어떻게, 왜' 라는 질문을 하지 않는 사람은 아무것도 모르는 바보가 된다. 어릴 때부터 자주 들었던 얘기다. 그런데 왜 자주 질문을 하지 않는가? 질문을 통해서 자신이 알지 못했던 것을 알 수도 있고 보완해야 할 부분이 무엇인지도 알 수 있다.

'묻는 자가 앞서는 자' 라는 말은 충분히 일리가 있는 말이다. 상대방에게 묻는 질문은 나에게 논리의 길을 열어 줄 것이다.

7. 폭넓은 관계망을 형성하자

'폭넓은 인간관계 성향' 을 타고난 사람도 있다. 예를 들어 빌 클린턴은 옥스퍼드를 돌아다니면서 만나는 모든 사람들을 관찰한 다음, 60초 동안 자세하게 메모를 했다고 한다. 이처럼 폭넓은 인간관계는 중요하다. 자신이 모르는 분야에 대한 질문을 하기 위해서 또 다른 분야에 대한 넓은 지식을 알기 위해서 중요하다. 물론 '폭넓은 인간관계 형성' 이 선천적인 것이어서 훈련으로 쉽게 변할 수는 없지만 충분히 관심만 기울이면 누구라도 자신만의 관계 성향을 일깨울 수 있다.

모든 사람은 하나같이 뭔가 특별하고 중요한 일을 하고 싶어 한다. 위대한 사람들은 단순히 자기계발만 하지 않는다. 진정 위대한 사람은 자신이 원하는 중요한 뭔가가 있는 곳을 향한 여행에 남을 끌어들이는 능력을 가지고 있다.

8. 신문기사를 창의적으로 해석하자

신문기사에서 창의성을 발견하라는 말은 어찌 보면 앞뒤가 맞지 않는 말일 수 있다. 하지만 그렇게 말하는 것부터가 창의적이지 않은 접근이다. 보통 신문기사는 기자의 판단에 따른 사실 보도인 경우가 대부분이어서 그다지 생각할 여지를 주지 않는다. 생각을 하지 않게 되면 창의력은 길러지지 않는다. 이럴 땐 기사에 소개된 사람의 입장이 되어 기사를 읽어야 한다.

가령 기생충 김치 문제로 인한 중국의 입장과 한국의 입장, 한국과 중국을 바라보며 비난을 하는 일본의 입장이 되어 각각의 심정을 파악해야 한다. 창의적인 생각은 서로의 생각을 이해함으로써 생긴다. 한국 사람이라 해서 한국 사람의 말만 무조건 옳다고 생각하면 생각은 거기에서 멈춰버린다. 한국과 일본, 중국 사람이 아닌 다른 나라 사람이 바라볼 때는 모두의 주장이 제각각 논리적으로 합당하다. 자신의 입장에서 주장을 하기 때문에 반대편에 있는 사람에게 비논리적으로 여겨질 뿐이지 제 3자의 입장에서는 모두가 옳은 말을 하고 있는 경우가 많다.

9. 믿을 수 없는 것을 믿자

창의력을 기르기 위해서는 남이 보지 못하는 것을 보아야 한다. 또 남이 얻지 못하는 기회를 얻기 위해서는 불확실성을 갖고 있어야 한다. 가끔 누구도 가능성이 없다고 생각하는 일에 뛰어들어 성공을 한 사람을 보게 된다. 하지만 어떤 사람들은 그런 사람들의 성공을 인정하지 않는다.

단지 운이 좋았을 뿐이라고 낮게 평가하고, 불확실한 상황에 진입하는 것은 언제나 어리석은 짓으로만 본다. 하지만 새로운 영역을 개척한다는 것은 남이 보지 않는 것을 보는 것이다. 그건 탐험이나 발견으로 얻어지는 것이 아니다. 그건 남이 가지 않는 길을 과감하고 용감하게 선택한 것에서 얻어진 것이다. 다시 말해서 남이 선택하지 않는 것을 선택한 용기가 기회를 준 것이다.

불확실한 것을 믿기 위해서는 논리적인 부분을 배제하는 것이 좋다. 논리적인 사람은 구체적이고 이성적이다. 그래서 논리적인 사람은 확실한 걸 좋아하고 모호한 상황을 싫어한다. 그렇기 때문에 사건을 파악하고 분석하려 든다. 하지만 이렇게 논리로만 채워진 사람이 불확실성을 즐기지 않는다면 그는 새로운 세계에 진입할 수 없다. 마치 어릴 때부터 같은 출판사의 참고서로만 공부해서 안정적인 점수를 받는 학생이 다른 문제집으로는 공부를 시작하기 어려운 것과 같다.

혹시 너무 논리적이거나 또는 너무 치밀하거나 또는 너무 완벽하게 모든 걸 준비하고 있지 않은가? 더 큰 것을 위해 약간은 나사를 풀고 약간은 허술하게 약간은 여유 있게 불확실성을 즐겨보는 것이 좋다. 완벽한 준비만큼 완벽하지 못한 건 없다. 자신이 생각하지 못했던 것을 발견할 수 있는 삶의 여유를 항상 가져라. 또 불확실성을 즐겨라. 그것이 남이 보지 못하는 것을 보고, 얻지 못하는 기회를 얻을 수 있는 가장 확실한 방법이다.

10. '왜'라는 사나운 맹수를 키우자

필자가 몇 년 동안 강의를 하면서 받은 최고의 질문은 바로 '왜?'이다. '왜?' 이 말은 정말 강력하다. 마치 '왜?'는 용맹스러운 맹수가 입을 크게 벌리고 달려오는 모습과 같다. '왜?'라는 말에 답하기는 쉽지 않기 때문이다. 하지만 '왜?'라는 질문에서 창의력은 시작된다. 가령 적절한 시간에 '왜?'를 외치지 않으면 단순할 뻔했던 질문이 '왜?'라는 질문으로 인하여 아주 복잡하게 발전하기도 한다. 학원이나 학교에서 가장 주의해야 할 것은 바로 이것이다.

"여기에서는 아무도 묻지 않아, 항상 그래 왔어."

이처럼 개인이나 단체에서 아무도 이유를 묻지 않는다면 또 그런 것들이 습관처럼 당연한 것이 되고 말았다면 그 개인이나 단체는 학습을 하지 않게 되고 지식을 수동적으로 습득하게 될 것이다. 발전을 위해서는 '왜?'라는 말을 입에 달고 살아야 한다.

11. 말과 행동에 책임을 지자

한 번 내뱉어진 말은 책임을 저야 한다. 자신의 의견과 그에 따른 결과에 대해 책임을 질 줄 알아야 한다는 것이다. 얼렁뚱땅 넘어가는 게 아니라 확실하고 정확하게 책임을 저야 한다. TV에서 보듯이 한창 비상하다가 추락한 거대 기업의 경영자들이 방송에 나와 묵비권을 행사하는 것은 책임을 지는 모습이 아니다. 지위와 나이를 불문하고 책임 돌리는 것만큼 창의력을 고갈시키는 것은 없다.

책임을 지지 않는다는 것은 잘못을 인정하지 않는다는 것이다. 자신의 말과 행동에 대한 잘못을 알아야 더 좋은 방향으로 갈 수 있는 길을 찾을 수 있다. 인정하지 않으면 그 사람의 발걸음은 멈추고 만다.

12. 종이 한 장 차이를 극복하자

공부를 똑같이 열심히 했는데도 성적이 원하는 만큼 안 나올 수도 있다. 고등학교 3학년 때 '4시간 자면 붙고 5시간 자면 떨어진다.'는 말이 있다. 그렇다면 '열심히만 하면 원하는 대학에 간다.' 라는 얘긴데 과연 그럴까?

옛날에 짚신을 만들어 파는 사람이 있었다. 그런데 이상하게도 자신에게는 손님이 오지 않는데 자신과 똑같이 짚신을 팔고 있는 옆 사람에게는 손님이 끊이지 않는 것이었다. 옆 사람의 짚신과 자신의 짚신이 별 다를 게 없었는데도 말이다. 그래서 어느 날에는 옆 사람의 짚신을 몰래 가져 와서 그와 비슷한 모양의 짚신을 만들었다. 하지만 손님들은 그 짚신도 사지 않았다. 짚신 장수는 옆 사람의 짚신과 자신이 만든 짚신을 놓고 몇 날 며칠을 고민하며 짚신을 쳐다보았다. 그러다가 문득 자신의 짚신이 왜 팔리지 않는지 알게 되었다. 그것은 바로 짚신에 나 있는 잔털의 차이였다. 옆 사람의 것은 잔털이 깨끗하게 손질되어 있었지만 자신의 것은 거칠게 마무리 되어 있었던 것이다.

이처럼 세상의 모든 기술은 종이 한 장 차이다. 판가름하기 어려워졌다는 의미다. 하지만 어느 시대에나 자신의 분야에서 최고의 위치에 오르는 사람은 있다. 그는 종이 한 장의 차이를 넘어섰기 때문에 그 자리에 오를 수 있었던 것이다. 불가능과 가능 이 둘은 정말 종이 한 장 차이다.

아무리 작다할지라도 차이는 분명히 있다. 그러나 이 차이는 너무나 커다란 결과를 낳는다. 그 한 장 차이를 알기 위해서는 일단 관찰하고 연구하는 자세가 필요하다. 중요한 것은 어떻게 했느냐는 것이기 때문이다. 그동안의 방법이 무용지물이었다면 과감히 포기하자. 달라지려는 도전을 해야 한다. 가장 좋은 스승은 상대방이다. 그렇다고 상대방을 무조건 따라 해서는 종이 한 장 차이를 극복하지 못한다. 여기서 중요한 것은 남의 장점을 모방하되 거기에 자신의 방법을 찾아 보태야 한다는 것이다.

13. 나는 네가 어떤 생각을 하고 있는지 알고 있다

어떤 상대이든 그 사람의 생각을 읽을 수 있다면 삶에 큰 변화를 줄 수 있을 것이다. 가령, 부모님의 생각을 미리 읽을 수 있다면 용돈을 얻어낼 수도 있고, 화를 피할 수도 있을 것이며, 친구와의 관계에도 좋은 작용을 할 것이다.

논술문을 쓸 때도 그 문제를 출제한 사람의 생각을 읽어 내야 하는 것이기 때문에 논술문의 논제를 파악하는 데에 좋은 효과를 줄 수 있다.

다른 사람의 생각을 읽어 내기 위해서는 먼저 자신의 마음을 비우고 선입견을 버려야 한다. 그리고 최대한 객관적인 눈으로 상대방을 관찰한다. 성급하게 제출한 답안일수록 오류가 많다. 그러므로 시간을 가지고 상대방을 관찰해야 한다.

미국 법정에서는 재판 시작에 앞서 '모든 증거가 제시될 때까지는 판단을 내리지 않도록' 재판관이 배심원들에게 주의를 준다. 힌트가 전부 나오지 않으면 수수께끼는 풀리지 않듯이 사람에 대해 판단할 때도 마찬가지이다. 상대를 정확하게 파악하기 위해서는 섣부른 판단은 금물이다. '사람 읽기'에 성공하기 위해서도 인내는 필요한 것이다.

그렇게 길러진 '사람을 바라보는 눈'을 사람이 아닌 사물로 확대하여 인식의 눈을 넓히는 것이 좋다. 현재의 트렌드도 예상할 수 있고 별 무리 없이 몸으로 체감하며 시대의 흐름을 읽어낼 수 있어서 창의적인 사고력을 가지고 논술문을 쓰는 데 많은 도움이 될 것이다.

사칙연산 논술지수

머리가 좋다고 창조적 논리가치까지 우수한 것은 아니다. 생활 전체에서 창조적 논리가치가 살아나야 한다. 현재 창조적 논리가치를 발휘하는 생활을 하고 있는지를 지수로 만들어 보는 것도 좋은 효과를 가져 올 수 있을 것이다.

사칙연산 논술지수는 내부의 창의적 논술가치 지수와 외부의 창의적 논술가치 지수로 나뉜다. 각각 10가지의 항목에 '항상 그렇다, 가끔 그렇다, 그렇지 않다'로 대답을 해 보자. 각각의 항목에서 35점 이상을 획득했다면 창조 리더로서 앞으로 창의적 논리가치가 있는 논술을 쓰기에 손색이 없을 것이다. 하지만 점수가 낮다고 낙담할 필요는 없다. 누차 말하듯이 창의력은 선천적으로 부여받은 능력이 아닌 후천적으로 충분히 길러질 수 있는 것이기 때문에 노력하면 된다.

내부의 창의적 논술가치 지수

(항상 그렇다 5, 가끔 그렇다 3, 그렇지 않다 1)

1. 스스로 성가신 일을 만들어 내는가? (　　)

2. 창조적 사고의 필요성을 느끼는가? (　　)

3. 자신이 생각한 창조적 사고를 가치 있는 것이라 생각하는가? (　　)

4. 하루에 1시간 이상 생각을 정리하는 시간을 가지는가? (　　)

5. 하루에 10시간 이상 학습하는가? (　　)

6. 수시로 새로운 생각들이 솟아나는가? (　　)

7. 타인의 개성과 주장은 나와 다를 수 있다는 것을 이해하는가? (　　)

8. 풀리지 않는 문제에 인내력을 가지고 도전하는가? (　　)

9. 좋은 생각이 나면 바로 실행하는가? (　　)

10. 창의력을 가지기 위해 지속적으로 동기부여를 하고 있는가? (　　)

소계 (　　)

외부의 창의적 논술가치 지수

(항상 그렇다 5, 가끔 그렇다 3, 그렇지 않다 1)

1. 작은 실패에 낙담하지 않고 다시 도전하는가? (　　)

2. 어떤 문제라도 해결할 수 있다고 생각하는가? (　　)

3. 이야기 하면서 새로운 아이디어를 적극적으로 내고 있는가? (　　)

4. 문제에 직면했을 때 다양한 가설을 설정하는가? (　　)

5. 학교나 주변에서 창의적인 사람으로 인정받고 있는가? (　　)

6. 외출을 할 때 메모장과 펜을 가지고 다니는가? (　　)

7. 주변에서 일어나는 변화에 대해 기쁘게 받아들이는가? (　　)

8. 새로운 문제를 찾아 적극적으로 나서는가? (　　)

9. 전문가들과 자주 어울리는가? (　　)

10. 스트레스 해소를 위해 재미를 창출하는가? (　　)

소계 　(　　)

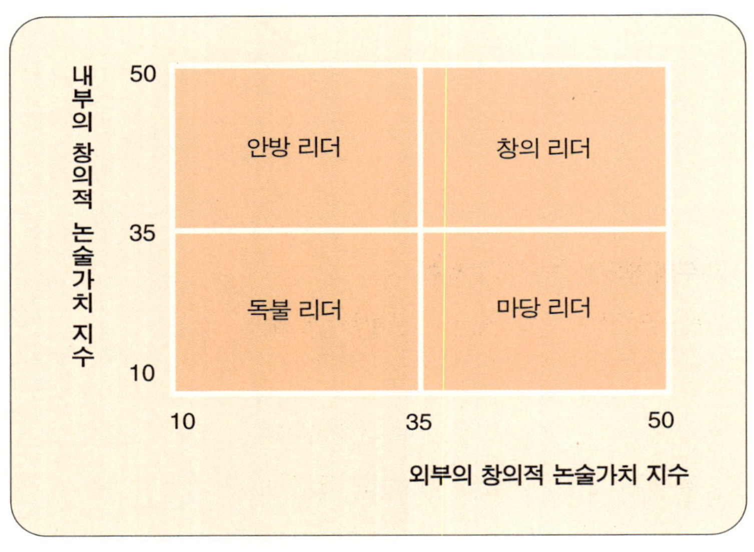

창의 리더 유형을 알아보는 매트릭스는 4가지로 구분된다.

우선 독불 리더는 주위의 말에 아무런 반응을 하지 않는 사람이다. 또한 자기 내부에서도 큰 변화를 일으키지 않는다. 그냥 가는 길만 걷고 생각했던 것만 반복하여 생각한다. 그래서 내부에서나 외부에서나 어떠한 발전도 기대할 수 없어서 논리적이지도 창의적이지도 않은 평균 이하의 논술문을 쓰게 된다.

안방 리더는 내부의 창의적 논술가치 지수는 높지만 외부의 창의적 논술가치 지수가 낮은 유형이다. 이 유형의 리더들은 내부에서 자신이 생각하는 창의력에는 강하지만 외부에서는 이렇다 할 창의적 가치를 만들어내지 못하는 사람이다.

마당 리더는 외부의 창의적 논술가치 지수는 높은 편이지만 내부의 창의적 논술가치 지수가 낮은 유형이다. 이 유형의 리더들은 외부 창의력 가치에는 적극적이고 만족스러운 성과를 내지만 내부적인 창의력 가치에는 별로 만족한 결과를 이끌어내지 못하는 사람이다.

창의 리더는 외부의 창의적 논술가치 지수와 내부의 창의적 논술가치 지수가 모두 우수한 유형이다. 이 유형의 리더들은 외부와 내부의 창의적 논술가치 창출을 잘하는 사람이다.
자신의 유형이 어디에 속하는지를 한 번 점검해 보자.

자신의 유형이 독불 리더에 있다면 내부의 창의적 논술가치 지수와 외부의 창의적 논술가치 지수에 큰 변화가 요구된다. 자신의 유형이 안방 리더에 있다면 외부의 창의적 논술가치 지수를 위한 가치 창출에 노력해야 한다. 자신의 유형이 마당 리더에 있다면 창의적 논술가치 지수를 개선해야 한다. 자신의 유형이 창의 리더에 있다면 좋은 일이지만 더욱더 발전시켜 또 다른 감성 리더들을 양성하고 지원한다면 우수한 창의 리더형이 될 수 있을 것이다.

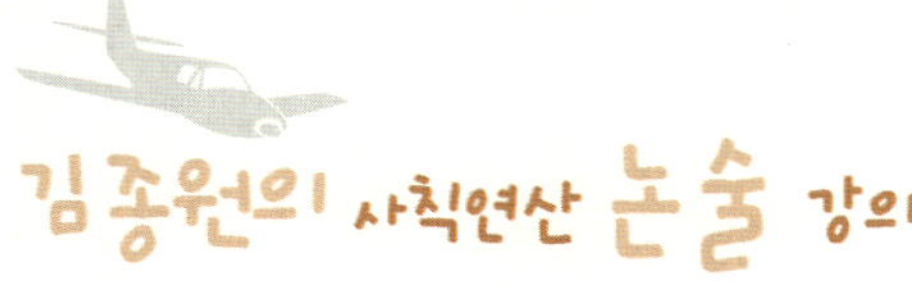

★ 준비된 창의적 논리 가치의 평가 결과를 기준으로 선발된 개인 또는 소수정예의
  학생들을 대상으로 강의하며, 초등부, 중등부, 고등부 각 학년별로 진행됩니다.

★ 여름이나 겨울 방학 중 8회에 거쳐 창의적 논리가치를 높이는 데 중점을 두고
  논술의 뼈대를 형성해 줍니다.

★ 정규과정에 들지 못했을 경우 대기자 명단에 포함되었다가 순번에 맞추어 수강
  할 수 있으며, 순번에 따라 정규반 학생으로 선발될 수도 있습니다.

★ 8회에 거쳐 진행되며 방학 중 외고 및 특수 목적고 학생들을 대상으로 하는 단
  기 과정입니다.

★ 학과 공부 또는 특별히 독서가 필요한 문학, 예술, 역사, 정치, 경제, 문화 분야
  의 양서를 선정하여 깊이 있는 토론 수업과 함께 넓고 깊게 볼 수 있는 사고력
  을 배양하는 데 역점을 둡니다.

문의전화 018-365-2182
메일문의 yytommy@naver.com

가림출판사 · 가림M&B · 가림Let's에서 나온 책들

 문 학 

바늘구멍
켄 폴리트 지음 / 홍영의 옮김 / 신국판 / 342쪽 / 5,300원

레베카의 열쇠
켄 폴리트 지음 / 손연숙 옮김 / 신국판 / 492쪽 / 6,800원

암병선
니시무라 쥬코 지음 / 홍영의 옮김 / 신국판 / 300쪽 / 4,800원

첫키스한 얘기 말해도 될까
김정미 외 7명 지음 / 신국판 / 228쪽 / 4,000원

사미인곡 上·中·下
김충호 지음 / 신국판 / 각 권 5,000원

이내의 끝자리
박수완 스님 지음 / 국판변형 / 132쪽 / 3,000원

너는 왜 나에게 다가서야 했는지
김충호 지음 / 국판변형 / 124쪽 / 3,000원

세계의 명언
편집부 엮음 / 신국판 / 322쪽 / 5,000원

여자가 알아야 할 101가지 지혜
제인 아서 엮음 / 지창국 옮김 / 4×6판 / 132쪽 / 5,000원

현명한 사람이 읽는 지혜로운 이야기
이정민 엮음 / 신국판 / 236쪽 / 6,500원

성공적인 표정이 당신을 바꾼다
마츠오 도오루 지음 / 홍영의 옮김 / 신국판 / 240쪽 / 7,500원

태양의 법
오오카와 류우호오 지음 / 민병수 옮김 / 신국판 / 246쪽 / 8,500원

영원의 법
오오카와 류우호오 지음 / 민병수 옮김 / 신국판 / 240쪽 / 8,000원

석가의 본심
오오카와 류우호오 지음 / 민병수 옮김 / 신국판 / 246쪽 / 10,000원

옛 사람들의 재치와 웃음
강형중 · 김경익 편저 / 신국판 / 316쪽 / 8,000원

지혜의 쉼터
쇼펜하우어 지음 / 김충호 엮음 / 4×6판 양장본 / 160쪽 / 4,300원

헤세가 너에게
헤르만 헤세 지음 / 홍영의 엮음 / 4×6판 양장본 / 144쪽 / 4,500원

사랑보다 소중한 삶의 의미
크리슈나무르티 지음 / 최윤영 엮음 / 신국판 / 180쪽 / 4,000원

장자-어찌하여 알 속에 털이 있다 하는가
홍영의 엮음 / 4×6판 / 180쪽 / 4,000원

논어-배우고 때로 익히면 즐겁지 아니한가
신도희 엮음 / 4×6판 / 180쪽 / 4,000원

맹자-가까이 있는데 어찌 먼 데서 구하려 하는가
홍영의 엮음 / 4×6판 / 180쪽 / 4,000원

아름다운 세상을 만드는 사랑의 메시지 365
DuMont monte Verlag 엮음 / 정성호 옮김 /
4×6판 변형 양장본 / 240쪽 / 8,000원

황금의 법
오오카와 류우호오 지음 / 민병수 옮김 / 신국판 / 320쪽 / 12,000원

왜 여자는 바람을 피우는가?
기젤라 룬테 지음 / 김현성 · 진정미 옮김 / 국판 / 200쪽 / 7,000원

세상에서 가장 아름다운 선물 김인자 지음
엄마가 두 딸에게 주는 인생의 지침서. 같은 여성으로서의 엄마, 친구로서의 엄마, 삶의 등대로서의 엄마가 딸들에게 바라는 점, 두 딸을 키우면서 세운 교육관 등이 솔직하게 담겨 있다. 또한 딸들과 주고받은 편지, 메모는 서로 교감하는 부모와 자녀의 사이를 말해주는 일종의 답안으로 제시되고 있다.
국판변형 / 292쪽 / 9,000원

수능에 꼭 나오는 한국 단편 33 윤종필 엮음
수능 시험에 대비하기 위해 중고등학교 시절에 반드시 읽어두어야 할 한국 문학의 대표적인 단편 33선을 엄선하여 수록. 이 책에 수록된 대표 단편들은 청소년기의 간접 경험을 위한 매체, 세대를 초월하는 교류 수단, 삶의 활력소가 되어 줄 것이다. 또한 수능 및 내신, 논술 대비에 많은 도움을 줄 것이다.
신국판 / 704쪽 / 11,000원

수능에 꼭 나오는 한국 현대 단편 소설 윤종필 엮음 및 해설
1960~1970년대를 대표하는 단편소설을 엄선하여 수록. 현행 교과 과정에 적합한 작품들을 엮어 청소년들의 학습에도 도움이 되도록 하였고, 더불어 소설 작품을 읽음으로써 간접 경험을 할 수 있게 하였으며, 풍부한 상상력을 키워갈 수 있도록 하였다. 각 작품에 대한 요점 정리도 해놓아 학습 효과도 높일 수 있다.
신국판 / 364쪽 / 11,000원

수능에 꼭 나오는 세계단편(영미권) 지창영 옮김 / 윤종필 엮음 및 해설
1920~1950년대 단편 소설 분야 최고 작가의 작품만 엄선하여 수록. 미국과 영국의 단편선을 통하여 그 나라의 정신적 가치, 문화적 특징을 접함으로써 정신적인 성장을 할 수 있는 계기가 될 수 있을 것이다. 신국판 / 328쪽 / 10,000원

수능에 꼭 나오는 세계단편(유럽권) 지창영 옮김 / 윤종필 엮음 및 해설
1920~1950년대 프랑스, 러시아, 독일의 특색을 온전히 느낄 수 있고 그 나라를 대표할 수 있는 작가의 작품만을 엄선하여 12편을 실은 것이다. 이 작품들은 몇백 년이 흐른 지금에도 전 세계인들이 애독하고 있는 불후의 명작들에 속한다.
신국판 / 360쪽 / 11,000원

 건 강 

아름다운 피부미용법 이순희(한독피부미용학원 원장) 지음
피부조직에 대한 기초 이론과 우리 몸의 생리를 알려줌으로써 아름다운 피부, 젊은 피부를 오래 유지할 수 있는 비결 제시!
신국판 / 296쪽 / 6,000원

버섯건강요법 김병각 외 6명 지음
종양 억제율 100%에 가까운 96.7%를 나타내는 기적의 약용버섯 등 신비의 버섯을 통하여 암을 치료하고 비만, 당뇨, 고혈압, 동맥경화 등 각종 성인병 예방을 위한 생활 건강 지침서!
신국판 / 286쪽 / 8,000원

성인병과 암을 정복하는 유기게르마늄
이상현 편저 / 캬오 샤오이 감수
최근 들어 각광을 받고 있는 새로운 치료제인 유기게르마늄을 통한 성인병, 각종 암의 치료에 대해 상세히 소개.
신국판 / 312쪽 / 9,000원

난치성 피부병 생약효소연구원 지음
현대의학으로도 치유불가능했던 난치성 피부병인 건선 · 아토피(태열)의 완치요법이 수록된 건강 지침서.
신국판 / 232쪽 / 7,500원

新 방약합편 정도명 편역
자신의 병을 알고 증세에 맞춰 스스로 처방을 할 수 있고 조제할 수 있는 보약 506가지 수록. 신국판 / 416쪽 / 15,000원

자연치료의학 오홍근(신경정신과 의학박사 · 자연의학박사) 지음
대한민국 최초의 자연의학박사가 밝힌 신비의 자연치료의학으로 자연산물을 이용하여 부작용 없이 치료하는 건강 생활 비법 공개!!
신국판 / 472쪽 / 15,000원

약초의 활용과 가정한방 이인성 지음
주변의 흔한 식물과 약초를 활용하여 각종 질병을 간편하게 예방 ·

치료할 수 있는 비법제시.　신국판 / 384쪽 / 8,500원

역전의학　이시하라 유미 지음 / 유태종 감수
일반상식으로 알고 있는 건강상식에 대해 전혀 새로운 관점에서 비판하고 아울러 새로운 방법들을 제시한 건강 혁명 서적!!
신국판 / 286쪽 / 8,500원

이순희식 순수피부미용법　이순희 (한독피부미용학원 원장) 지음
자신의 피부에 맞는 관리법으로 스스로 피부관리를 할 수 있는 방법을 제시하고 책 속 부록으로 천연팩 재료 사전과 피부 타입별 팩 고르기.　신국판 / 304쪽 / 7,000원

21세기 당뇨병 예방과 치료법　이현철 (연세대 의대 내과 교수) 지음
세계 최초 유전자 치료법을 개발한 저자가 당뇨병과 대항하여 가장 확실하게 이길 수 있는 당뇨병에 대한 올바른 이론과 발병시 대처 방법을 상세히 수록!　신국판 / 360쪽 / 9,500원

신재용의 민의학 동의보감　신재용 (해성한의원 원장) 지음
주변의 흔한 먹거리를 이용해 신비의 명약이나 보약으로 활용할 수 있는 건강 지침서로서 저자가 TV나 라디오에서 다 밝히지 못한 한방 및 민간요법까지 상세히 수록!!　신국판 / 476쪽 / 10,000원

치매 알면 치매 이긴다　배오성 (백상한방병원 원장) 지음
B.O.S.요법으로 뇌세포의 기능을 활성화시키고 엔돌핀의 분비효과를 극대화시켜 증상에 맞는 한약 처방을 병행하여 치매를 치유하는 획기적인 치유법 제시.　신국판 / 312쪽 / 10,000원

21세기 건강혁명 밥상 위의 보약 생식　최경순 지음
항암식품으로, 다이어트식으로, 젊고 탄력적인 피부를 유지할 수 있게 해주는 자연식으로의 생식을 소개하여 현대인들의 건강 길라잡이가 되도록 하였다.　신국판 / 348쪽 / 9,800원

기치유와 기공수련　윤한홍 (기치유 연구회 회장) 지음
누구나 노력만 하면 개발할 수 있고 활용할 수 있는 기수련 방법과 기치유 개발 방법 소개.　신국판 / 340쪽 / 12,000원

만병의 근원 스트레스 원인과 퇴치　김지혁 (김지혁한의원 원장) 지음
만병의 근원인 스트레스를 속속들이 파헤치고 예방법까지 속시원하게 제시!!　신국판 / 324쪽 / 9,500원

김종성 박사의 뇌졸중 119　김종성 지음
우리나라 사망원인 1위. 뇌졸중 분야의 최고 권위자인 저자가 일상생활에서의 건강관리부터 환자간호에 이르기까지 뇌졸중의 예방, 치료법 등 모든 것 수록.　신국판 / 356쪽 / 12,000원

탈모 예방과 모발 클리닉　장정훈 · 전재홍 지음
미용적인 측면과 우리가 일상적으로 고민하고 궁금해 하는 털에 관한 내용들을 다양하고 재미있게 예들을 들어가면서 흥미롭게 풀어간 것이 이 책의 특징.　신국판 / 252쪽 / 8,000원

구태규의 100% 성공 다이어트　구태규 지음
하이틴 영화배우의 다이어트 체험서. 저자만의 다이어트법을 제시하면서 바람직한 다이어트에 대해서도 알려준다. 건강하게 날씬해지고 싶은 사람들을 위한 필독서!　4×6배판 변형 / 240쪽 / 9,900원

암 예방과 치료법　이춘기 지음
암환자와 가족들을 위해서 암의 치료방법에서부터 합병증의 예방 및 암이 생기기 전에 알 수 있는 방법에 이르기까지 상세하게 해설해 놓은 책.　신국판 / 296쪽 / 11,000원

알기 쉬운 위장병 예방과 치료법　민영일 지음
소화기관인 위와 관련 기관들의 여러 질환을 발병 원인, 증상, 치료법을 중심으로 알기 쉽게 해설해 놓은 건강서.
신국판 / 328쪽 / 9,900원

이온 체내혁명　노보루 야마노이 지음 / 김병관 옮김
새로운 건강관리 이론으로 주목을 받고 있는 음이온을 통해 건강을 돌볼 수 있는 방법 제시.　신국판 / 272쪽 / 9,500원

어혈과 사혈요법　정지천 지음
침과 부항요법 등을 사용하여 모든 질병을 다스릴 수 방법과 우리 주변에서 흔하게 접할 수 있는 각 질병의 상황별 처치를 혈자리 그림과 함께 해설.　신국판 / 308쪽 / 12,000원

약손 경락마사지로 건강미인 만들기　고정환 지음
경락과 민족 고유의 정신 약손을 결합시킨 약손 성형경락 마사지로 수술하지 않고도 자신이 원하는 부위를 고치는 방법을 제시하는 건

강 미용서.　4×6배판 변형 / 284쪽 / 15,000원

정유정의 LOVE DIET　정유정 지음
널리 알려진 온갖 다이어트 방법으로 살을 빼려고 노력했던 저자의 고통스러웠던 다이어트 체험담이 실려 있어 지금 살 때문에 고민하는 사람들이 가슴에 와 닿는 나만의 다이어트 계획을 나름대로 세울 수 있을 것이다.　4×6배판 변형 / 196쪽 / 10,500원

머리에서 발끝까지 예뻐지는 부분다이어트　신상만 · 김선민 지음
한약을 먹거나 침을 맞아 살을 빼는 방법, 아로마요법을 이용한 다이어트법, 운동을 이용한 부분비만 해소법 등이 실려 있으므로 나에게 맞는 방법을 선택해 날씬하고 예쁜 몸매를 만들 수 있을 것이다.
4×6배판 변형 / 196쪽 / 11,000원

알기 쉬운 심장병 119　박승정 지음
심장병에 관해 심장질환이 생기는 원인, 증상, 치료법을 중심으로 내용을 상세하게 해설해 놓은 건강서.　신국판 / 248쪽 / 9,000원

알기 쉬운 고혈압 119　이정균 지음
생활 속의 고혈압에 관해 일반인들이 관심을 가지고 예방할 수 있도록 고혈압의 원인, 증상, 합병증 등을 상세하게 해설해 놓은 건강서.　신국판 / 304쪽 / 10,000원

여성을 위한 부인과질환의 예방과 치료　차선희 지음
남들에게는 말할 수 없는 증상들로 고민하고 있는 여성들을 위해 부인암, 골다공증, 빈혈 등 부인과질환을 원인 및 치료방법을 중심으로 설명한 여성건강 정보서.　신국판 / 304쪽 / 10,000원

알기 쉬운 아토피 119　이승규 · 임승엽 · 김문호 · 안유일 지음
감기처럼 흔하지만 암만큼 무서운 아토피 피부염의 원인에서부터 증상, 치료방법, 임상사례, 민간요법을 적용한 환자들의 경험담 등 수록.　신국판 / 232쪽 / 9,500원

120세에 도전한다　이권행 지음
아프지 않고 건강하게 오래 살기를 바라는 현대인들에게 우리 체질에 맞는 식생활습관, 심신 활동, 생활습관, 체질별 · 나이별 양생법을 소개. 장수하고픈 독자들의 궁금증을 풀어줄 것이다.
신국판 / 308쪽 / 11,000원

건강과 아름다움을 만드는 요가　정판식 지음
책을 보고서 집에서 혼자서도 할 수 있는 요가법 수록. 각종 질병에 따른 요가 수정체조법도 담았으며, 별책 부록으로 한눈에 보는 요가 차트 수록.　4×6배판 변형 / 224쪽 / 14,000원

우리 아이 건강하고 아름다운 롱다리 만들기　김성훈 지음
키 작은 우리 아이를 롱다리로 만드는 비법공개. 식사습관과 생활습관만의 변화로도 키를 크게 할 수 있으므로 키 작은 자녀를 둔 부모의 고민을 해결해 준다.　대국전판 / 236쪽 / 10,500원

알기 쉬운 허리디스크 예방과 치료　이종서 지음
전문가들의 의견, 허리병의 치료에서 가장 중요한 운동치료, 허리디스크와 요통에 관해 언론에서 잘못 소개한 기사나 과장 보도한 기사, 대상이 광범위함으로써 생기고 있는 사이비 의술 및 상업적인 의술을 시행하는 상업적인 병원 등을 소개함으로써 허리병을 앓고 있는 사람들에게 정확하고 올바른 지식을 전달하고자 하는 길라잡이서.　대국전판 / 336쪽 / 12,000원

소아과 전문의에게 듣는 알기 쉬운 소아과 119
신영규 · 이강우 · 최성항 지음
새내기 엄마, 아빠를 위해 올바른 육아법을 제시하고 각종 질병에 대한 치료법 및 예방법, 응급처치법을 소개.
4×6배판 변형 / 280쪽 / 14,000원

피가 맑아야 건강하게 오래 살 수 있다　김영찬 지음
현대인이 앓고 있는 고혈압, 당뇨병, 심장병 등은 피가 끈적거리고 혈관이 너덜거려서 생기는 질병이다. 이러한 성인병을 치료하려면 식이요법, 생활습관 개선 등을 통해 피를 맑게 해야 한다. 이 책에서는 피를 맑게 하기 위해 필요한 처방, 생활습관 개선법을 한의학적 관점에서 상세하게 설명하고 있다.　신국판 / 256쪽 / 10,000원

웰빙형 피부 미인을 만드는 나만의 셀프 피부건강　양해원 지음
모든 사람들이 관심 있어 하는 피부 관리를 집에서 할 수 있게 해주는 실용서. 집에서 간단하게 만들 수 있는 화장수, 팩 등을 소개하여 손 안의 미용서 역할을 하고 있다.　대국전판 / 144쪽 / 10,000원

내 몸을 살리는 생활 속의 웰빙 항암 식품　이승남 지음

'암=사형 선고' 라는 고정관념을 깨자는 전제 아래 우리 밥상에서 흔히 볼 수 있는 먹거리로 암을 예방하며 치료하는 방법 소개. 암환자와 그 가족들에게 희망을 안겨 줄 것이다.
대국전판 / 248쪽 / 9,800원

마음한글, 느낌한글 박완식 지음
훈민정음의 창제원리를 이용한 한글명상, 한글요가, 한글체조로 지금까지의 요가나 명상과는 차원이 다른 더욱 더 효과적인 수련으로 이제 당신 앞에 새로운 세계가 펼쳐진다. 4×6배판 / 300쪽 / 15,000원

웰빙 동의보감식 발마사지 10분 최미회 지음 / 신재용 감수
발이 병나면 몸에도 병이 생긴다. 우리 몸 중에서 가장 천대받으면서도 가장 많은 일을 하는 발을 새롭게 인식하는 추세에 맞추어 발을 가꾸어 건강을 지키는 방법 제시. 각 질병별 발마사지 방법, 부위를 구체적으로 설명하고 있다. 텔레비전을 보면서 하는 15분의 발마사지가 피로를 풀어주고 건강을 지켜줄 것이다.
4×6배판 변형 / 204쪽 / 13,000원

아름다운 몸, 건강한 몸을 위한 목욕 건강 30분 임하성 지음
우리가 흔히 대수롭지 않게 여기고 하는 습관 중에 하나가 목욕일 것이다. 그러나 이제 목욕도 건강과 관련시켜 올바른 방법으로 해야 한다. 웰빙 시대, 웰빙 라이프에 맞는 올바른 목욕법을 피부 관리 및 우리들의 생활 패턴에 맞추어 제시해 본다.
대국전판 / 176쪽 / 9,500원

내가 만드는 한방생주스 60 김영섭 지음
일반적인 과일·야채 주스에 21가지 한약재로 기본 음료를 만들어 맛과 영양을 고루 갖춘 최초의 웰빙 한방 건강음료 만드는 법 60가지 수록!! 각 음료마다 만드는 법과 효능을 실어 우리 가족 건강을 지키는 건강지침서의 역할을 한다. 국판 / 112쪽 / 7,000원

몸을 살리는 건강식품 백은희·조창호·최양진 지음
스트레스에 시달리는 현대인들에게 자연 영양소를 공급해 주는 건강기능식품에 관한 상세한 정보를 담고 있다. 나에게 필요한 영양소는 어떤 것이 있으며, 어떻게 섭취했을 때 가장 큰 효과를 얻을 수 있는지 등을 조목조목 설명해 놓은 것이 눈에 띈다.
신국판 / 384쪽 / 11,000원

건강도 키우고 성적도 올리는 자녀 건강 김진돈 지음
자녀를 둔 부모라면 가장 먼저 생각하는 것이 자녀의 건강일 것이다. 특히 수험생을 둔 부모라면 그 관심은 말로 단정지을 수 없다. 수험생 자신이나 부모가 알아야 한 평소 건강 관리법, 제일 이겨내기 힘든 계절인 여름철 건강 관리법, 조심해야 할 질병들에 대한 예방법, 치료법을 상세하게 소개하고 있다. 신국판 / 304쪽 / 12,000원

알기 쉬운 간질환 119 이관식 지음
간염이 있는 사람이 술잔을 돌릴 경우 간염이 전염될까? 우리는 간이 소중한 존재임을 알면서도 혹사시키는 일이 많다. 간염 전염 및 간경화, 간암 등에 대한 잘못된 지식을 제대로 잡아주고 간과 관련된 병을 예방하는 법, 병에 걸렸을 때 치료하고 관리하는 법 등을 상세히 수록하여 간을 건강하게 지킬 수 있도록 해준다.
신국판 / 264쪽 / 11,000원

밥으로 병을 고친다 허봉수 지음
우리가 하루 세 끼 식사에서 대하는 밥상이 우리의 건강을 지켜주는 최고의 건강지킴이다. 이 간단명료한 진리를 알면서도 우리는 다른 방법으로 건강을 지키려고 한다. 건강을 지키는 일은 어렵고 특별한 일이 아니라 보통의 밥상에서 지킬 수 있는 일임을 강조하고 거기에 맞는 실제 사례를 제시하여 비슷한 사례에서 응용할 수 있게 내용을 구성하고 있다. 대국전판 / 352쪽 / 13,500원

알기 쉬운 신장병 119 김형규 지음
신장병은 특별한 증상이 없어 조기진단이 힘들다고 한다. 그러나 진단과 치료의 혜택으로 완치를 할 수 있는 병이라고도 한다. 일상 생활 속에서 신장병을 파악할 수 있는 자가진단법, 신장병을 검사하고 치료하는 방법, 신장병과 관련 있는 질병들을 일반인들이 이해하기 수준에서 설명하고 있다. 또한 신장병과 관련 있는 생활 속의 정보를 부록으로 수록하여 내용의 깊이를 더해 주고 있다.
신국판 / 240쪽 / 10,000원

마음의 감기 치료법 우울증 119 이민수 지음
우울증에는 예외의 대상이 없다. 현대인이라면 누구나 우울증에 걸릴 수 있다는 전제 아래 일반인들이 쉽게 이해할 수 있는 우울증을 담고 있다. 남에게, 가족에게 숨겨야 하는 몹쓸 병이 아니라 바르고

정확하게 알아야 건강한 삶을 누릴 수 있는 병임을 알리면서 우울증을 치료하는 법, 환자 본인과 가족 및 주위에서 가져야 할 자세 등을 알려준다. 대국전판 / 232쪽 / 9,800원

관절염 119 송영욱 지음
"비가 오려나? 왜 이리 무릎이 쑤시나." 이렇게 표현되는 관절염에는 일반인들이 잘 알지 못하는 다른 종류의 관절염도 있다. 이러한 관절염을 일반인들의 입장에서 쉽게 이해하고 예방하고 치료할 수 있는 방법을 소개하고 있다. 생활 속에서의 습관을 고치고 운동을 통해서 허리나 다리가 아픈 통증에서 벗어날 수 있다.
대국전판 / 224쪽 / 9,800원

내 딸을 위한 미성년 클리닉 강병문·이향아·최정원 지음
서울 아산병원 미성년 클리닉팀의 새로운 제안!! 청소년기의 건강 상태는 평생을 좌우한다. 이 시기를 어떻게 보내느냐에 따라 60년 인생이 완전히 달라질 수 있다. 특히 여자라면 꼭 알아야할 건강 이야기로 자라나는 우리 딸들이 자신의 몸을 소중히 하는 데 도움이 될 것이다. 국판 / 148쪽 / 8,000원

암을 다스리는 기적의 치유법
케이 세이헤이 감수 / 카와키 나리카즈 지음 / 민병수 옮김
저분자 수용성 키토산의 파워!!항암제나 방사선 치료의 부작용을 경감시키고 그 효과를 오래 지속시켜주는 효과를 비롯한 키토산의 6대 항암 효과를 통하여 암에 탁월한 효과가 있는 수용성 키토산의 전신 면역 요법에 대하여 알 수 있을 것이다. 더불어 자연치유력에 대한 강한 믿음을 갖게 된다. 신국판 / 256쪽 / 9,000원

스트레스 다스리기
대한불안장애학회 스트레스관리연구특별위원회 지음
스트레스 분야의 21명의 전문가가 쓴 스트레스 해소법. 암보다 무서운 병, 스트레스를 줄이면 10년은 젊게 살 수 있다.
신국판 / 304쪽 / 12,000원

천연 식초건강법
건강식품연구회 엮음 / 신재용(해성한의원 원장) 감수
가장 쉽게 구할 수 있고 경제적인 식품이면서 상상할 수 없을 정도로 뛰어난 약효를 지닌 식초의 모든 것을 담은 건강지침서!
신국판 / 252쪽 / 9,000원

암에 대한 모든 것 서울아산병원 암센터 지음
이 책은 우리나라에서 특히 발병률이 높은 7가지 암에 대해 철저히 분석한 책이다. 해당 암의 원인부터 발병률, 원인 및 진단법, 치료법, 예방법 및 관리법, 해당 암에 대해 잘못 알려진 상식 등 암에 대한 보다 실질적이고 구체적인 정보를 담았다. 암에 대한 정보를 필요로 이들이 보다 효율적으로 이용할 수 있는 책이다.
신국판 / 360쪽 / 13,000원

교 육

우리 교육의 창조적 백색혁명
원상기 지음 / 신국판 / 206쪽 / 6,000원

현대생활과 체육
조창남 외 5명 공저 / 신국판 / 340쪽 / 10,000원

퍼펙트 MBA IAE유학네트 지음 / 신국판 / 400쪽 / 12,000원

유학길라잡이 Ⅰ - 미국편
IAE유학네트 지음 / 4×6배판 / 372쪽 / 13,900원

유학길라잡이 Ⅱ - 4개국편
IAE유학네트 지음 / 4×6배판 / 348쪽 / 13,900원

조기유학길라잡이.com
IAE유학네트 지음 / 4×6배판 / 428쪽 / 15,000원

현대인의 건강생활
박상호 외 5명 공저 / 4×6배판 / 268쪽 / 15,000원

천재아이로 키우는 두뇌훈련
나카마츠 요시로 지음 / 민병수 옮김
머리가 좋은 아이로 키우기 위한 환경 만들기, 식사, 운동 등 연령별 두뇌 훈련법 소개. 국판 / 288쪽 / 9,500원

두뇌혁명　나카마츠 요시로 지음 / 민병수 옮김
『뇌내혁명』 하루야마 시게오의 추천작!! 어른들을 위한 두뇌 개발
서로, 풍요로운 인생을 만들기 위한 '뇌' 와 '몸' 자극법 제시.
4×6판 양장본 / 288쪽 / 12,000원

테마별 고사성어로 익히는 한자
김경익 지음 / 4×6배판 변형 / 248쪽 / 9,800원

生생 공부비법　이은승 지음
국내 최초 수학과외 수출의 주인공 이은승이 개발한 자기만의 맞춤
식 공부학습법 소개. 공부도 하는 법을 알면 목표를 달성할 수 있다
고 용기를 북돋우어 주는 실전 공부 비법서.
대국전판 / 272쪽 / 9,500원

자녀를 성공시키는 습관만들기　배은경 지음
성공하는 자녀를 꿈꾸는 부모들이 알아야 할 자녀 교육법 소개. 부
모는 자녀 인생의 주연이 아님을 알아야 하며 부모의 좋은 습관, 건
전한 생각이 자녀의 성공 인생을 가져온다는 내용을 담은 부모 및
자녀 모두를 위한 자기 계발서.　대국전판 / 232쪽 / 9,500원

한자능력검정시험 1급　한자능력검정시험연구위원회 편저
한자능력검정시험의 최상급인 1급 대비. 2~8급 배정한자(2355
자)를 포함하는 1급 배정한자 3500자에 관한 유래, 활용 예, 사자
성어, 예상문제 등을 완벽 수록하여 시험에 만전을 기할 수 있게 하
였다. 또한 쓰기 배정한자 2005자에 대한 부록도 수록하여 읽기와
쓰기 한자 익힘이 완벽하게 이루어지도록 하였다.
4×6배판 / 568쪽 / 21,000원

한자능력검정시험 2급　한자능력검정시험연구위원회 편저
국어사전식 단어 배열, 내용을 쉽게 이해할 수 있도록 도와주는 일
러스트, 기출 문제의 완전 분석을 바탕으로 한 예상 문제 수록 등
한자능력검정시험 2급을 준비하는 사람들을 위한 완벽 대비서.
4×6배판 / 472쪽 / 18,000원

한자능력검정시험 3급(3급II)　한자능력검정시험연구위원회 편저
4급 한자를 포함한 3급 · 3급II 배정한자 1817자 각 한자에 대한 어
원 및 실용 사례를 수록하였다. 각 한자의 배열은 가, 나, 다…의 국
어사전식 배열을 채택하여 음만 알아도 한자를 쉽게 찾을 수 있게
하였다. 또한 한자의 이해를 돕는 일러스트, 3급 · 3급II 한자를 포
함한 실생활에 응용할 수 있는 생활 한자 코너를 배정하여 학습의
깊이를 더해주고 있다. 끝으로 기출문제 분석에 맞춘 예상문제와
쓰기 배정 한자를 실어 3급 · 3급II 한자 학습을 완전하게 익힐 수
있게 하였다.　4×6배판 / 440쪽 / 17,000원

한자능력검정시험 4급(4급II)　한자능력검정시험연구위원회 편저
국어사전식 단어 배열, 4급 한자 1000자 필순 수록, 생활에서 활용
할 수 있는 활용 한자 요점정리, 생활 속에서 자주 쓰이는 약자, 한
자의 이해를 돕기 위한 일러스트와 유래 설명, 4급 한자 1000자를
응용한 한자 심화 학습, 기출 문제를 완전 분석한 후 그에 따라 엄
선한 예상문제 수록 등 4급 한자 익히기와 시험에 대비하는 모든
사람들을 위한 완벽 대비서.　4×6배판 / 352쪽 / 15,000원

한자능력검정시험 5급　한자능력검정시험연구위원회 편저
국어사전식 단어 배열, 5급 한자 500자 따라 쓰기, 생활에서 활용
할 수 있는 활용 한자 요점정리, 생활 속에서 자주 쓰이는 약자, 한
자의 이해를 돕기 위한 일러스트와 유래 설명, 기출 문제를 완전 분
석한 후 그에 따라 엄선한 예상문제 수록 등 5급 한자 익히기와 시
험에 대비하는 모든 사람들을 위한 완벽 대비서.
4×6배판 / 264쪽 / 11,000원

한자능력검정시험 6급　한자능력검정시험연구위원회 편저
국어사전식 단어 배열, 6급 한자 300자 따라 쓰기, 생활에서 활용
할 수 있는 활용 한자 요점정리, 한자의 이해를 돕기 위한 일러스트
와 유래 설명, 기출 문제를 완전 분석한 후 그에 따라 엄선한 예상
문제 수록 등 6급 한자 익히기와 시험에 대비하는 모든 사람들을
위한 완벽 대비서.　4×6배판 / 168쪽 / 8,500원

한자능력검정시험 7급　한자능력검정시험연구위원회 편저
국어사전식 단어 배열, 각 한자 배우기에 도움이 되는 일러스트를
곁들이고 한자의 구성 원리를 설명해 놓아 한자 배우기가 재미있고
쉽다. 또한 따라쓰기를 통해 한자 익히기를 완전하게 끝낼 수 있도
록 하였으며 활용 예문을 다양하게 예시해 놓았다.
4×6배판 / 152쪽 / 7,000원

한자능력검정시험 8급　한자능력검정시험연구위원회 편저
8급 한자 50자에 대해 각 한자 배우기에 도움이 되는 일러스트를
곁들이고 한자의 구성 원리를 설명해 놓아 한자 배우기가 재미있고
쉽다. 또한 따라쓰기를 통해 기본 한자 익히기를 완전하게 끝낼 수
있도록 하였으며 기본 50개의 한자를 활용한 예문을 다양하게 예시
해 놓았다.　4×6배판 / 112쪽 / 6,000원

볼링의 이론과 실기　이택상 지음 / 신국판 / 192쪽 / 9,000원

고사성어로 끝내는 천자문　조준상 글/그림
고사성어에 얽힌 일화를 재미있는 만화로 엮어, 만화를 보면서 고
사성어도 익힐 수 있는 일석이조의 만화 학습서이다. 특히 국가공
인 한자능력검정시험 4급에 나오는 한자를 수록하고 있어 자격증
을 준비하는 데에 도움을 줄 뿐만 아니라 실생활에 응용할 수 있는
생활한자가 수록되어 있어 교양을 넓히는 데에도 많은 도움이 될
것이다.　4×6배판 / 216쪽 / 12,000원

논술 종합 비타민　김종원 지음
오랜 논술 강의와 교재 연구의 경험을 바탕으로 기존의 방식과는
차별화된 논술문 쓰기의 새로운 시각과 대안을 열어주는 책이다.
논술시험에서 높은 점수를 받고자 하는 수험생들과 또 글을 잘 쓰
고자 하는 독자들에게 글쓰기의 좋은 길잡이가 되어줄 것이다.
신국판 / 200쪽 / 9,000원

취미 · 실용

김진국과 같이 배우는 와인의 세계　김진국 지음
포도주 역사에서 분류, 원료 포도의 종류와 재배, 양조 · 숙성 · 저
장, 시음법, 어울리는 요리와 와인의 유통과 소비, 와인 시장의 현
황과 전망, 와인 판매 요령, 와인의 보관과 재고의 회전, '와인 양
조 비밀의 모든 것' 을 동영상으로 담은 CD까지, 와인의 모든 것이
담긴 종합학습서.　국배판 변형양장본(올 컬러판) / 208쪽 / 30,000원

경제 · 경영

CEO가 될 수 있는 성공법칙 101가지
김승룡 편역 / 신국판 / 320쪽 / 9,500원

정보소프트　김승룡 지음 / 신국판 / 324쪽 / 6,000원

기획대사전　다카하시 겐코 지음 / 홍영의 옮김
기획에 관련된 모든 사항을 실례와 도표를 통하여 초보자에서 프로
기획맨에 이르기까지 효율적으로 활용할 수 있도록 체계적으로 총
망라하였다.　신국판 / 552쪽 / 19,500원

맨손창업 · 맞춤창업 BEST 74　양혜숙 지음
창업대행 현장 전문가가 추천하는 유망업종을 7가지 주제별로 나누
어 수록한 맞춤창업서로 창업예비자들에게 창업의 길을 밝혀줄 발
로 뛰면서 만든 실무 지침서!!　신국판 / 416쪽 / 12,000원

무자본, 무점포 창업! FAX 한 대면 성공한다
다카시로 고시 지음 / 홍영의 옮김 / 신국판 / 226쪽 / 7,500원

성공하는 기업의 인간경영　중소기업 노무 연구회 편저 / 홍영의 옮김
무한경쟁시대에서 각 기업들의 다양한 경영 실태 속에서 인사 · 노
무 관리 개선에 있어서 기업의 효율을 높이고 발전을 이룰 수 있는
원칙을 제시.　신국판 / 368쪽 / 11,000원

21세기 IT가 세계를 지배한다　김광희 지음
21세기 화두로 떠오른 IT혁명의 경쟁력에 대해서 전문가의 논리적
이고 철저한 해설과 더불어 매장 끝까지 실제 사례를 곁들여 설명.
신국판 / 380쪽 / 12,000원

경제기사로 부자아빠 만들기　김기태 · 신현태 · 박근수 공저
날마다 배달되는 경제기사를 꼼꼼히 챙겨보는 사람만이 현대생활
에서 부자가 될 수 있다. 언론인의 현장감각과 학자의 전문성을 접
목시킨 것이 이 책의 특성! 누구나 이 책을 읽고 경제원리를 체득,
경제예측을 할 수 있게 준비된 생활경제서적.
신국판 / 388쪽 / 12,000원

포스트 PC의 주역 정보가전과 무선인터넷　김광희 지음

포스트 PC의 주역으로 급부상하고 있는 정보가전과 무선인터넷 그리고 이를 구현하기 위한 관련 테크놀러지를 체계적으로 소개.
신국판 / 356쪽 / 12,000원

성공하는 사람들의 **마케팅 바이블** 채수명 지음
최근의 이론을 보완하여 내놓은 마케팅 관련 실무서. 마케팅의 정보전략, 핵심요소, 컨설팅실무까지 저자의 노하우와 창의적인 이론이 결합된 마케팅서. 신국판 / 328쪽 / 12,000원

느린 비즈니스로 돌아가라
사카모토 게이이치 지음 / 정성호 옮김
미국식 스피드 경영에 익숙해져 현실의 오류를 간과하고 있는 사람들을 위한 어떻게 팔 것인가보다 무엇을 팔 것인가를 설명하는 마케팅 컨설턴트의 대안 제시서! 신국판 / 276쪽 / 9,000원

적은 돈으로 큰돈 벌 수 있는 **부동산 재테크** 이원재 지음
700만 원으로 부동산 재테크에 뛰어들어 100배 불린 저자가 부동산 재테크를 계획하고 있는 사람들이 반드시 알아두어야 할 내용을 경험담을 담아 해설해 놓은 경제서. 신국판 / 340쪽 / 12,000원

바이오혁명 이주영 지음
21세기 국가간 경쟁부문으로 새로이 떠오르고 있는 바이오혁명에 관한 기초지식을 언론사에 몸담고 있는 현직 기자가 아주 쉽게 해설해 놓은 바이오 가이드서. 바이오 관련 용어 해설 수록.
신국판 / 328쪽 / 12,000원

성공하는 사람들의 **자기혁신 경영기술** 채수명 지음
자기 계발을 통한 신지식 자기경영마인드를 갖추어야 한다는 전제 아래 그 방법을 자세하게 알려주는 자기계발 지침서.
신국판 / 344쪽 / 12,000원

CFO 교텐 토요오 · 타하라 오키시 지음 / 민병수 옮김
일반인들에게 생소한 용어인 CFO, 즉 최고 재무책임자의 역할이 지금까지와는 완전히 달라져야 한다. 기업을 이끌어가는 새로운 키잡이로서의 CFO의 역할, 위상 등을 일본의 기업을 중심으로 하여 알아보고 바람직한 방향을 제시한다. 신국판 / 312쪽 / 12,000원

네트워크시대 네트워크마케팅 임동학 지음
학력, 사회적 지위 등에 관계 없이 자신이 노력한 만큼 돈을 벌 수 있는 네트워크마케팅에 관해 알려주는 안내서.
신국판 / 376쪽 /12,000원

성공리더의 7가지 조건
다이앤 트레이시 · 윌리엄 모건 지음 / 지창영 옮김
개인과 팀, 조직관계의 개선을 위한 방향제시 및 실천을 위한 안내자 역할을 해주는 책. 현장에서 활용할 수 있는 실용서.
신국판 / 360쪽 / 13,000원

김종결의 **성공창업** 김종결 지음
'누구나 창업을 할 수는 있지만 아무나 돈을 버는 것은 아니다' 라는 전제 아래 중견 연기자로서, 음식점 사장님으로 성공한 탤런트 김종결의 성공비결을 통해 창업전략과 성공전략을 제시한다.
신국판 / 340쪽 / 12,000원

최적의 타이밍에 **내 집 마련하는 기술** 이원재 지음
부동산을 통한 재테크의 첫걸음 '내 집 마련'의 결정판. 체계적이고 한눈에 쏙 들어 오는 '내 집 장만 과정'을 쉽게 풀어놓은 부동산 재테크서. 신국판 / 248쪽 / 10,500원

컨설팅 세일즈 *Consulting sales* 임동학 지음
발로 뛰는 영업이 아니라 머리로 하는 영업이 절실히 요구되는 시대 상황에 맞추어 고객지향의 세일즈, 과제해결 세일즈, 구매자와 공급자 간에 서로 만족하는 세일즈법 제시.
대국전판 / 336쪽 / 13,000원

연봉 10억 만들기 김농주 지음
연봉으로 말해지는 임금을 재테크 하여 부자가 될 수 있는 방법 제시. 고액의 연봉을 받기 위해서 개인이 갖추어야 할 실무적 능력, 태도, 마음가짐, 재테크 수단 등을 각 주제에 따라 구체적으로 제시함으로써 부자를 꿈꾸는 사람들이 그 희망을 이룰 수 있게 해준다.

국판 / 216쪽 / 10,000원

주5일제 근무에 따른 **한국형 주말창업** 최효진 지음
우리나라 실정에 맞는 주말창업 아이템의 제시 및 창업시 필요한 정보를 얻을 수 있는 곳, 주의해야 할 점, 실전 인터넷 쇼핑몰 창업, 표준사업계획서 등을 수록하여 지금 당장이라도 내 사업을 할 수 있게 해주는 창업 길라잡이서. 신국판 변형 양장본 / 216쪽 / 10,000원

돈 되는 땅 돈 안되는 땅 김영준 지음
부동산 틈새시장에서 성공하는 투자 노하우를 신행정수도 예정지 및 고속철도 역세권 등 투자 유망지역을 중심으로 완벽하게 수록해 놓은 부동산 재테크서. 신국판 / 320쪽 / 13,000원

돈 버는 회사로 만들 수 있는 109가지
다카하시 도시노리 지음 / 민병수 옮김
회사경영에서 경영자가 꼭 알아야 할 기본 사항 수록. 내용이 항목별로 정리되어 있어 원하는 자료를 바로 찾아 볼 수 있는 것이 최대의 장점. 이 책을 통해서 불필요한 군살을 빼고 강한 근육질을 가진 돈 버는 회사를 만들어 보자. 신국판 / 344쪽 / 13,000원

머니투데이 송복규 기자의 **부동산으로 주머니돈 100배 만들기** 송복규 지음
재테크 수단으로 새롭게 각광 받고 있는 부동산을 이용한 재산 증식 방법 수록. 부동산 재료별 특성에 따른 맞춤 투자전략을 제시하고 알아두면 편리한 부동산 상식도 알려준다. 현직 전문 기자의 예리한 분석과 최신 정보가 담겨 있는 부동산재테크 가이드서.
신국판 / 328쪽 / 13,000원

성공하는 **슈퍼마켓&편의점 창업** 나명환 지음
슈퍼마켓이나 편의점을 창업하려고 하는 사람들을 위한 창업 가이드서. 어느 위치에 얼마만한 크기로, 어떤 상품을 갖추고 어떤 마인드로 창업하고 영업해야 대형할인점과의 경쟁에서 살아남을 수 있는지 등을 저자의 실제 경험과 통계, 전문가들의 의견을 바탕으로 상세하게 소개. 4×6배판 변형 / 500쪽 / 28,000원

대한민국 성공 재테크 **부동산 펀드와 리츠로 승부하라** 김영준 지음
새로운 재테크 수단으로 세간의 관심을 모으고 있는 부동산 펀드와 리츠에 관한 투자 안내서. 리스크 없이 투자에 성공하기 위해서 알아두어야 할 주의사항, 펀드 및 리츠 관련 상품 설명, 실제로 투자되고 있는 물건을 수록하여 책을 통해서 실전 투자감각을 익힐 수 있게 하였다. 신국판 / 256쪽 / 12,000원

마일리지 200% 활용하기 박성희 지음
우리 주변에는 마일리지와 관련 있는 다양한 카드가 있다. 신용카드로부터 시작하여 이동통신사의 멤버십 카드, 캐시백 카드, 각 업소의 스탬프 카드 등 다양한 종류의 카드가 각기 특성을 가지고 우리 생활 속에서 이용되고 있다. 잘 알고 활용하면 개인의 주머니 경제, 가계의 살림에 보탬이 되는 각종 마일리지에 관한 최신 정보를 한 권에 모아 놓았다. 이 책의 내용을 잘 활용하면 새는 돈을 알뜰살뜰 모으는 길이 보일 것이다. 국판 변형 / 200쪽 / 8,000원

1%의 가능성에 도전, **성공 신화를 이룬 여성 CEO** 김미현 지음
탄탄하게 자리를 잡은 15군데 중소기업의 여성 CEO들이 회사를 운영하면서 겪은 어려움, 기쁨 등을 자서전 형식을 빌어 솔직 담백하게 얘기했다. 예비 창업자들을 위한 조언, 경영 철학, 성공 요인도 담고 있어 창업을 준비하는 사람들에게 도움이 될 것이다.
신국판 / 248쪽 / 9,500원

주 식

개미군단 대박맞이 주식투자
홍성결(한양증권 투자분석팀 팀장) 지음 / 신국판 / 310쪽 / 9,500원

알고 하자! **돈 되는 주식투자**
이길영 외 2명 공저 / 신국판 / 388쪽 / 12,500원

항상 당하기만 하는 개미들의 매도 · 매수타이밍 **999% 적중 노하우**
강경무 지음 / 신국판 / 336쪽 / 12,000원

부자 만들기 주식성공클리닉 이창회 지음 / 신국판 / 372쪽 / 11,500원

선물ㆍ옵션 이론과 실전매매
이창희 지음 / 신국판 / 372쪽 / 12,000원

너무나 쉬워 재미있는 주가차트
홍성무 지음 / 4×6배판 / 216쪽 / 15,000원

주식투자 직접 투자로 높은 수익을 올릴 수 있는 비결
저금리ㆍ고령화 시대를 대비한 개인자산관리의 확실한 방법을 제시한 책이다. 미국 뿐만 아니라 일본, 중국, 홍콩, 대만, 브라질 등의 주식 시장의 철저한 분석과 데이터화를 통해 한국 주식 시장에 맞는 가치주를 발굴하고 투자할 수 있는 확실한 성공 전략을 제시한다.　김학균 지음 / 신국판 / 230쪽 / 11,000원

역 학

역리종합 만세력　정도명 편저 / 신국판 / 532쪽 / 10,500원

작명대전　정보국 지음 / 신국판 / 460쪽 / 12,000원

하락이수 해설　이천교 편저 / 신국판 / 620쪽 / 27,000원

현대인의 창조적 관상과 수상　백운산 지음 / 신국판 / 344쪽 / 9,000원

대운용신영부적　정재원 지음 / 신국판 양장본 / 750쪽 / 39,000원

사주비결활용법　이세진 지음 / 신국판 / 392쪽 / 12,000원

컴퓨터세대를 위한 **新 성명학대전**
박용찬 지음 / 신국판 / 388쪽 / 11,000원

길흉화복 꿈풀이 비법　백운산 지음 / 신국판 / 410쪽 / 12,000원

새천년 작명컨설팅　정재원 지음 / 신국판 / 492쪽 / 13,900원

백운산의 신세대 궁합　백운산 지음 / 신국판 / 304쪽 / 9,500원

동자삼 작명학　남시모 지음 / 신국판 / 496쪽 / 15,000원

구성학의 기초　문길여 지음 / 신국판 / 412쪽 / 12,000원

법률 일반

여성을 위한 **성범죄 법률상식**
조명원(변호사) 지음/ 신국판 / 248쪽 / 8,000원

아파트 난방비 75% 절감방법
고영근 지음 / 신국판 / 238쪽 / 8,000원

일반인이 꼭 알아야 할 절세전략 173선
최성호(공인회계사) 지음 / 신국판 / 392쪽 / 12,000원

변호사와 함께하는 부동산 경매
최환주(변호사) 지음 / 신국판 / 404쪽 / 13,000원

혼자서 쉽고 빠르게 할 수 있는 **소액재판**
김재용ㆍ김종철 공저 / 신국판 / 312쪽 / 9,500원

"술 한 잔 사겠다"는 말에서 찾아보는 **채권ㆍ채무**
변환철(변호사) 지음 / 신국판 / 408쪽 / 13,000원

알기쉬운 **부동산 세무 길라잡이**
이건우(세무서 재산계장) 지음 / 신국판 / 400쪽 / 13,000원

알기쉬운 **어음, 수표 길라잡이**
변환철(변호사) 지음 / 신국판 / 328쪽 / 11,000원

제조물책임법
강동근(변호사)ㆍ윤종성(검사) 공저 / 신국판 / 368쪽 / 13,000원

알기 쉬운 **주5일근무에 따른 임금ㆍ연봉제 실무**
문강분(공인노무사) 지음 / 4×6배판 변형 / 544쪽 / 35,000원

변호사 없이 당당히 이길 수 있는 **형사소송**　김대환 지음
신국판 / 304쪽 / 13,000원

변호사 없이 당당히 이길 수 있는 **민사소송**　김대환 지음
신국판 / 412쪽 / 14,500원

혼자서 해결할 수 있는 교통사고 Q&A　조명원(변호사) 지음
신국판 / 336쪽 / 12,000원

생활법률

부동산 생활법률의 기본지식
대한법률연구회 지음 / 김원중(변호사) 감수 / 신국판 / 480쪽 / 12,000원

고소장ㆍ내용증명 생활법률의 기본지식
하태웅(변호사) 지음 / 신국판 / 440쪽 / 12,000원

노동 관련 생활법률의 기본지식
남동희(공인노무사) 지음 / 신국판 / 528쪽 / 14,000원

외국인 근로자 생활법률의 기본지식
남동희(공인노무사) 지음 / 신국판 / 400쪽 / 12,000원

계약작성 생활법률의 기본지식
이상도(변호사) 지음 / 신국판 / 560쪽 / 14,500원

지적재산 생활법률의 기본지식
이상도(변호사)ㆍ조의제(변리사) 공저 / 신국판 / 496쪽 / 14,000원

부당노동행위와 부당해고 생활법률의 기본지식
박영수(공인노무사) 지음 / 신국판 / 432쪽 / 14,000원

주택ㆍ상가임대차 생활법률의 기본지식
김운용(변호사) 지음 / 신국판 / 480쪽 / 14,000원

하도급거래 생활법률의 기본지식
김진홍(변호사) 지음 / 신국판 / 440쪽 / 14,000원

이혼소송과 재산분할 생활법률의 기본지식
박동섭(변호사) 지음 / 신국판 / 460쪽 / 14,000원

부동산등기 생활법률의 기본지식
정상태(법무사) 지음 / 신국판 / 456쪽 / 14,000원

기업경영 생활법률의 기본지식
안동섭(단국대 교수) 지음 / 신국판 / 466쪽 / 14,000원

교통사고 생활법률의 기본지식
박정무(변호사)ㆍ전병찬 공저 / 신국판 / 480쪽 / 14,000원

소송서식 생활법률의 기본지식
김대환 지음 / 신국판 / 480쪽 / 14,000원

호적ㆍ가사소송 생활법률의 기본지식
정주수(법무사) 지음 / 신국판 / 516쪽 / 14,000원

상속과 세금 생활법률의 기본지식
박동섭(변호사) 지음 / 신국판 / 480쪽 / 14,000원

담보ㆍ보증 생활법률의 기본지식
류창호(법학박사) 지음 / 신국판 / 436쪽 / 14,000원

소비자보호 생활법률의 기본지식
김성천(법학박사) 지음 / 신국판 / 504쪽 / 15,000원

판결ㆍ공정증서 생활법률의 기본지식
정상태(법무사) 지음 / 신국판 / 312쪽 / 13,000원

처 세

성공적인 삶을 추구하는 여성들에게 **우먼파워**
조안 커너ㆍ모이라 레이너 공저 / 지창영 옮김
사회의 여성을 향한 냉대와 편견의 벽을 깨뜨리고 성공적인 삶을 이루려는 여성들이 갖추어야 할 자세 및 삶의 이정표 제시!!
신국판 / 352쪽 / 8,800원

聽 **이익이 되는 말** 話 **손해가 되는 말**
우메시마 미요 지음 / 정성호 옮김
직장이나 집안에서 언제나 주고받는 일상의 화제를 모아 실음으로써 대화의 참의미를 깨닫고 비즈니스를 성공적으로 이끌기 위한 대화술을 키우는 방법 제시!!　신국판 / 304쪽 / 9,000원

성공하는 사람들의 화술테크닉 민영욱 지음
개인간의 사적인 대화에서부터 대중을 위한 공적인 강연에 이르기
까지 어떻게 말하고 어떻게 스피치를 할 것인가에 관한 지침서.
신국판 / 320쪽 / 9,500원

부자들의 생활습관 가난한 사람들의 생활습관
다케우치 야스오 지음 / 홍영의 옮김
경제학의 발상을 기본으로 하여 사람들이 살아가면서 생활에서 생
각해 볼 수 있는 이익을 보는 생활습관과 손해를 보는 생활습관을
수록, 독자 자신에게 맞는 생활습관의 기본 전략을 설계할 수 있도
록 제시. 신국판 / 320쪽 / 9,800원

코끼리 귀를 당긴 원숭이-히딩크식 창의력을 배우자 강충인 지음
코끼리와 원숭이의 우화를 히딩크의 창조적 경영기법과 리더십에
대비하여 자기혁신, 기업혁신을 꾀하는 창의력 개발법을 제시.
신국판 / 208쪽 / 8,500원

성공하려면 유머와 위트로 무장하라 민영욱 지음
21세기에 들어 새로운 추세를 형성하고 있는 말 잘하기. 이러한 추
세에 맞추어 현재 스피치 강사로 활약하고 있는 저자가 말을 잘하
는 방법과 유머와 위트를 만들고 즐기는 방법을 제시한다.
신국판 / 292쪽 / 9,500원

등소평의 오뚝이전략 조창남 편저
중국 역사상 정치·경제·학문 등의 분야에서 최고 위치에 오른
리더들의 인재활용, 상황 극복법 등 처세 전략·전술을 통해 이 시
대의 성공인으로 자리매김하는 해법 제시. 신국판 / 304쪽 / 9,500원

노무현 화술과 화법을 통한 이미지 변화 이현정 지음
현재 불교방송에서 활동하고 있는 이현정 아나운서의 화술 길라잡
이서. 노무현 대통령의 독특한 화술과 화법을 통해 리더로서, 성공
인으로서 갖추어야 할 화술 화법을 배우는 화술 실용서.
신국판 / 320쪽 / 10,000원

성공하는 사람들의 토론의 법칙 민영욱 지음
다양한 사람들의 다양한 욕구를 하나로 응집시키는 수단으로 등장
하고 있는 토론에 관해 간단하고 쉽게 제시한 토론 길라잡이서.
신국판 / 280쪽 / 9,500원

사람은 칭찬을 먹고산다 민영욱 지음
현대에서 성공하는 사람으로 남기 위해서는 남을 칭찬할 줄도 알아
야 한다. 성공하는 사람이 되기 위해서 알아야 할 칭찬 스피치의 기
법, 특징 등을 실생활에 적용해 설명해놓은 성공처세 지침서.
신국판 / 268쪽 / 9,500원

사과의 기술 김농주 지음
미안하다는 말에 인색한 한국인들에게 "I'm sorry."가 성공을 위한
처세 기법으로 다가온다. 직장, 가정 등 다양한 환경에서 사과 한
마디의 의미, 기능을 알아보고 효율성을 가진 사과가 되기 위해 갖
추어야 할 조건을 제시한다. 신국판 변형 양장본 / 200쪽 / 10,000원

취업 경쟁력을 높여라 김농주 지음
각 기업별 특성 및 취업 정보 분석과 예비 취업자의 능력 개발, 자
신의 적성에 맞는 직종과 직장 잡는 법을 상세하게 수록.
신국판 / 280쪽 / 12,000원

유비쿼터스시대의 블루오션 전략 최양진 지음
나날이 치열해지는 경쟁 환경 속에서 최후의 웃는 사람이 되기 위
해서는 시대의 흐름에 빨리 적응하고, 정보를 신속하게 받아들이
며, 남과는 다른 튀는 행동을 해야 한다고 저자는 주장한다. 유비
쿼터스시대를 맞아 생존 경쟁에서 살아남는 지혜, 전략을 현실 점
검을 바탕으로 세우는 방법 제시. 신국판 / 248쪽 / 10,000원

나만의 블루오션 전략-화술편 민영욱 지음
모든 사람과의 관계에는 대화가 있게 마련이다. 특히 직장인이나
비즈니스를 하는 CEO들은 더욱 절실히 느낄 것이다. 이 책에는
일반적으로 나누는 대화의 기법부터 좀더 부드러운 분위기를 위한
유머화술의 기법까지 총망라하여 성공된 리더가 될 수 있는 방법
을 제시한다. 신국판 / 254쪽 / 10,000원

희망의 씨앗을 뿌리는 20대를 위하여 우광균 지음
이 책은 예측대로 살아지지 않는 인생에 이제 막 발을 들여놓은 사
회초년생에게 인생의 지침이 되어줄 조언이 담겨 있다. 저자 자신
이 경험한 실제 사례들을 통해 우리가 일상에서 쉽게 접하는 모든

일들을 어떻게 받아들이고 또 얻을 수 있는 것은 무엇인지 알려주
고 있다. 신국판 / 172쪽 / 8,000원

명 상

명상으로 얻는 깨달음 달라이 라마 지음 / 지창영 옮김
티베트의 정신적 지도자이자 실질적 지도자인 달라이 라마의 수많
은 가르침 가운데 현대인에게 필요해지고 있는 인내에 대한 이야
기. 국판 / 320쪽 / 9,000원

어 학

2진법 영어 이상도 지음 / 4×6배판 변형 / 328쪽 / 13,000원

한 방으로 끝내는 영어 고제윤 지음 / 신국판 / 316쪽 / 9,800원

한 방으로 끝내는 영단어 김승엽 지음 / 김수경·카렌다 감수 /
4×6배판 변형 / 236쪽 / 9,800원

해도해도 안 되던 영어회화 하루에 30분씩 90일이면 끝낸다
Carrot Korea 편집부 지음 / 4×6배판 변형 / 260쪽 / 11,000원

바로 활용할 수 있는 기초생활영어
김수경 지음 / 신국판 / 240쪽 / 10,000원

바로 활용할 수 있는 비즈니스영어
김수경 지음 / 신국판 / 252쪽 / 10,000원

생존영어55 홍일록 지음 / 신국판 / 224쪽 / 8,500원

필수 여행영어회화 한현숙 지음 / 4×6판 변형 / 328쪽 / 7,000원

필수 여행일어회화 윤영자 지음 / 4×6판 변형 / 264쪽 / 6,500원

필수 여행중국어회화 이은진 지음 / 4×6판 변형 / 256쪽 / 7,000원

영어로 배우는 중국어 김승엽 지음 / 신국판 / 216쪽 / 9,000원

필수 여행스페인어회화 유연창 지음 / 4×6판 변형 / 288쪽 / 7,000원

바로 활용할 수 있는 홈스테이 영어
김형주 지음 / 신국판 / 184쪽 / 9,000원

레포츠

수열이의 브라질 축구 탐방 삼바 축구, 그들은 강하다
이수열 지음 / 신국판 / 280쪽 / 8,500원

마라톤, 그 아름다운 도전을 향하여
빌 로저스·프리실라 웰치·조 헨더슨 공저 /
오인환 감수 / 지창영 옮김 / 4×6배판 / 320쪽 / 15,000원

퍼팅 메커닉 이근택 지음
감각에 의존하는 기존 방식의 퍼팅은 이제 그만!!
저자 특유의 과학적 이론을 신체근육 운동학에 접목시켜 몸의 무
리를 최소한으로 덜고 최대한의 정확성과 거리감을 갖게 하는 새
로운 퍼팅 메커닉 북. 4×6배판 변형 / 192쪽 / 18,000원

아마골프 가이드 정영호 지음
골프를 처음 시작하는 모든 아마추어 골퍼를 위해 보다 쉽고 빠르
게 이해할 수 있도록 내용이 구성된 아마골프 레슨 프로그램서.
4×6배판 변형 / 216쪽 / 12,000원

인라인스케이팅 100%즐기기 임미숙 지음
레저 문화에 새로운 강자로 자리매김하고 있는 인라인 스케이팅을
안전하고 재미있게 즐길 수 있도록 알려주는 인라인 스케이팅 지
침서. 각단계별 동작을 한눈에 알아볼 수 있도록 세부 동작별 일러
스트 수록. 4×6배판 변형 / 172쪽 / 11,000원

배스낚시 테크닉 이종건 지음
현재 한국배스스쿨에서 강사로 활약하고 있는 아마추어 배스 낚시
꾼과 중급 수준의 배스 낚시꾼들이 자신의 실력을 한 단계 업그레
이드 시킬 수 있도록 루어의 활용, 응용법 등을 상세하게 해설.

4×6배판 / 440쪽 / 20,000원

나도 디지털 전문가 될 수 있다!!! 이승훈 지음

깜찍한 디자인과 간편하게 휴대할 수 있다는 장점 때문에 새로운 생활필수품으로 자리를 잡아가고 있는 디카·디캠을 짧은 시간 안에 쉽게 배울 수 있도록 해놓은 초보자를 위한 디카·디캠 길라잡이서. 4×6배판 / 320쪽 / 19,200원

스키 100% 즐기기 김동환 지음

스키 인구의 확산 추세에 따라 스키의 기초 이론 및 기본 동작부터 상급의 기술까지 단계별 동작을 전문가의 동작사진을 곁들여 내용 구성. 4×6배판 변형 / 184쪽 / 12,000원

태권도 총론 하웅의 지음

우리의 국기 태권도에 관한 실용 이론서. 지도자가 알아야 할 사항, 태권도장 운영이론, 응급처치법 및 태권도 경기규칙 등 필수 내용만 수록. 4×6배판 / 288쪽 / 15,000원

건강하고 아름다운 동양란 기르기 난마을 지음

동양란 재배의 첫걸음부터 전시회 출품까지 동양란의 모든 것 수록. 동양란의 구조·특징·종류·감상법, 꽃대 관리·꽃 피우기·발색 요령 등 건강하고 아름다운 동양란 만들기로 구성.
4×6배판 변형 / 184쪽 / 12,000원

수영 100% 즐기기 김종만 지음

물 적응하기부터 수영용품, 수영과 건강, 응용수영 및 고급 수영 기술에 이르기까지 주옥 같은 수중촬영 연속사진으로 자세히 설명해 주는 수영기법 Q&A. 4×6배판 변형 / 248쪽 / 13,000원

애완견114 황양원 엮음

애완견 길들이기, 애완견의 먹거리, 멋진 애완견 만들기, 애완견의 질병 예방과 건강, 애완견의 임신과 출산, 애완견에 대한 기타 관리 등 애완견을 기를 때 반드시 알아야 할 내용 수록.
4×6배판 변형 / 228쪽 / 13,000원

건강을 위한 웰빙 걷기 이강옥 지음

건강 운동으로서 많은 사람들의 관심을 모으고 있는 걷기운동을 상세하게 설명. 걷기시 필요한 장비, 올바른 걷기 자세를 설명하고 고혈압·당뇨병·비만증·골다공증 등 성인병과 관련해 걷기 운동을 했을 때 얻을 수 있는 효과를 수록하여 성인병을 예방하고 치료할 수 있도록 하였다. 대국전판 / 280쪽 / 10,000원

우리 땅 우리 문화가 살아 숨쉬는 옛터 이형권 지음

우리나라에서 가장 가보고 싶은 역사의 현장 19곳을 선정. 그 터에 어린 조상의 숨결과 역사적 증언을 만날 수 있는 시간 제공. 맛있는 집, 찾아가는 길, 꼭 가봐야 할 유적지 등 핵심 내용 선별 수록.
대국전판 올컬러 / 208쪽 / 9,500원

아름다운 산사 이형권 지음

우리나라의 대표적인 산사를 찾아 계절 따라 산사가 주는 이미지, 산사가 안고 있는 역사적 의미를 되새겨 본다. 동시에 산사를 찾음으로써 생활에 찌든 현대인들이 삶의 활력을 되찾는 시간을 갖게 한다. 대국전판 올컬러 / 208쪽 / 9,500원

골프 100타 깨기 김준모 지음

읽고 따라 하기만 해도 100타를 깰 수 있는 골프의 전략·전술의 비법 공개. 뛰어난 골프 실력은 올바른 그립과 어드레스에서 비롯됨을 강조한 초보자를 위한 실전 골프 지침서.
4×6배판 변형 / 136쪽 / 10,000원

쉽고 즐겁게! 신나게! 배우는 재즈댄스 최재선 지음

몸치인 사람도 쉽게 따라 하고 배우는 재즈댄스 안내서. 이 책에 실려 있는 기본 동작을 익혀 재즈댄스를 하면 생활 속의 긴장과 스트레스를 털어버리고 활력을 되찾을 수 있으며, 다이어트 효과도 얻을 수 있다. 4×6배판 변형 / 200쪽 / 12,000원

맛과 멋이 있는 낭만의 카페 박성찬 지음

가족끼리, 연인끼리 추억을 만들고 행복한 시간을 보낼 수 있는 서울 근교의 카페를 엄선하여 소개. 카페에 대한 인상 및 기본 정보, 인근 볼거리 등도 함께 수록하여 손 안의 인터넷 정보서가 될 수 있게 했다. 대국전판 올컬러 / 168쪽 / 9,900원

한국의 숨어 있는 아름다운 풍경 이종원 지음

우리나라의 숨어 있는 아름다운 풍경을 찾아 소개하는 여행서. 저자의 여행 감상과 먹거리, 볼거리, 사람 사는 이야기가 담겨 있어 안내서라기보다는 답사기라고 할 수 있다. 서정과 사진이 풍부하

게 담겨 있는 그곳에 가고 싶다 시리즈 4번째 책.
대국전판 올컬러 / 208쪽 / 9,900원

사람이 있고 자연이 있는 아름다운 명산 박기성 지음

산을 좋아하는 사람들을 위한 산 안내서. 한번쯤 가보면 좋을 산을 엄선하여 그 산이 갖는 매력을 서정성 짙은 글로 풀어 놓았다. 가는 방법과 둘러 보아야 할 곳도 덤으로 설명.
대국전판 올컬러 / 176쪽 / 12,000원

마음의 고향을 찾아가는 여행 포구 김인자 지음

일상 생활에서 벗어나고 싶다면 우리 국토의 진정한 아름다움을 느끼게 해주는 포구로 가보자. 그 곳에서 사람냄새, 자연이 어우러진 역동성에 삶의 의욕을 되찾을 수 있을 것이다. 시인이자 여행가인 김인자 님이 소개하는 가볼 만한 대표적인 포구 20곳 수록. 볼거리, 먹거리와 함께 서정성 넘치는 글로 포구의 낭만, 삶의 현장을 소개. 대국전판 올컬러 / 224쪽 / 14,000원

골프 90타 깨기 김광섭 지음

90타를 깨고 싱글로 진입할 수 있게 해주는 실전 골프 테크닉서. 스트레칭, 세트 업, 드라이버 스윙, 샷, 어프로치, 퍼팅, 벙커 샷 등의 스윙 원리를 요점을 짚어 정리해 놓았으므로 골퍼 자신의 잘못된 스윙을 바로잡는 데 많은 도움이 될 것이다. 또한 연습장에서 스윙 연습을 하는 방법도 수록해 골프의 재미를 한층 더 배가시켜 즐길 수 있게 하였다. 4×6배판 변형 / 148쪽 / 11,000원

생명이 살아 숨쉬는 한국의 아름다운 강 민병준 지음

물놀이를 하는 아이들, 재첩을 잡는 사람들, 두물머리에 서 있는 연인들. 이 모습은 우리나라의 강변에서 볼 수 있는 정겨운 장면이다. 우리나라의 대표적인 강 15곳을 엄선하여 찾아가는 법, 먹거리, 잘 곳 등을 함께 수록. 또한 강과 연관 있는 인근의 볼거리를 수록하여 가족이나 연인 사이에는 추억을 만들고, 자녀와는 역사공부도 할 수 있게 내용을 아기자기 하게 꾸민 강 여행서.
대국전판 올컬러 / 168쪽 / 12,000원

틈나는 대로 세계여행 김재관 지음

다른 나라를 알고 다른 문화를 알고자 하는 노력은 결국 내 자신의 정신세계를 풍요롭게 하는 일이다. 그리고 여행이 정신세계를 풍요롭게 하는 데 좋은 도구가 될 수 있다. 이 책에는 도전과 모험을 꿈꾸는 사람이라면 한 번은 가보아야 할 세계의 오지에 대한 이야기가 실려 있다. 저자가 엄선한 28개국의 오지에 대한 감상, 교통편, 알아두면 편리한 상식 등이 수록되어 있으므로 여행지에 대한 사전 지식을 쌓는 데 많은 도움이 될 것이다.
4×6배판변형 올컬러 / 368쪽 / 20,000원

KLPGA 최여진 프로의 센스 골프 최여진 지음

KLPGA 출신 처음으로 쓴 골프 길라잡이. 신체 조건이나 골프채의 길이 또는 무게, 스윙 등 기초에서부터 기술적인 부분까지 미세하게 다른, 그동안 필자가 골프를 하면서 여성으로서 느꼈던 애로사항과 노하우를 담아 모든 골프 마니아들에게 실질적인 도움을 주고 스코어를 줄일 수 있는 해답을 찾게 해줄 것이다.
4×6배판변형 올컬러 / 192쪽 / 13,900원

해양스포츠 카이트보딩 김남용 편저

국내 유일의 카이트보딩 자격증 소지자가 소개하는 국내 최초의 카이트보딩 안내서. 친절한 안내와 기술 향상을 위한 지식을 담고 있어 초보자에서 마니아에 이르기까지 훌륭한 동반자가 되어줄 것이다. 신국판 올컬러 / 152쪽 / 18,000원

KTPGA 김준모 프로의 파워 골프 김준모 지음

골프의 기원과 역사를 비롯하여 골프의 기본 기술을 체계적으로 숙달할 수 있는 효과적인 연습법, 골퍼에게 필요한 기본 상식들을 모두 수록하였다. 골프를 더욱더 깊이 이해하고 골프를 즐기고 골프를 통하여 삶의 활력소를 얻을 수 있을 뿐만 아니라, 진정한 골퍼로서 거듭날 기회를 제공해줄 것이다.
4×6배판변형 올컬러 / 192쪽 / 13,900원

골프 80타 깨기 오태훈 지음

80타를 깨고 70타로 진입하겠다는 목표를 세운 골퍼들을 대상으로 스윙의 이론적 풀이보다는 여러 가지 상황에서 위기를 모면할 수 있도록 도와주는 기술과 깨끗한 마무리, 전체적인 스코어를 낮추는 데에 중점을 둔 싱글을 위한 실전 골프 테크닉서로, 이 책만 따라하면 최고의 골퍼를 향한 목표에 도달할 수 있을 것이다.
4×6배판 변형 / 132쪽 / 10,000원

논술 종합
비타민

2006년 3월 10일 제1판 1쇄 발행

지은이/김종원
펴낸이/강선희
펴낸곳/가림출판사

등록/1992. 10. 6. 제4-191호
주소/서울시 광진구 구의동 57-71 부원빌딩 4층
대표전화/458-6451   팩스/458-6450
홈페이지 http://www.galim.co.kr
e-mail galim@galim.co.kr

값 9,000원

ⓒ 김종원, 2006

ISBN 89-7895-230-5 13710

가림출판사 · 가림M&B · 가림Let's의 홈페이지(http://www.galim.co.kr)에 들
어오시면 가림출판사 · 가림M&B · 가림Let's의 신간도서 및 출간 예정 도서를
포함한 모든 책들을 만나실 수 있습니다.
온라인 서점을 통하여 직접 도서 구입도 하실 수 있으며 가림 홈페이지 내에서
전국 대형 서점들의 사이트에 링크하시어 종합 신간 안내 및 각종 도서 정보,
책과 관련된 문화 정보를 받아보실 수 있습니다.
또한 홈페이지 방문시 회원으로 가입하시면 신간 안내 자료를 보내드립니다.